Patchwork und Quilt

Ideen über Ideen

Patchwork und Quilt

Moderne Muster und Techniken

Irene Kahmann
Ilse Auer
Anne Best
Cornelia Falk
Lilo Feichtinger
Heidi Förster
Heidrun Rinner
Ruth Schäfers
Renate Struss
Maleen Thaysen
Helga Wolf

FALKEN

INHALT

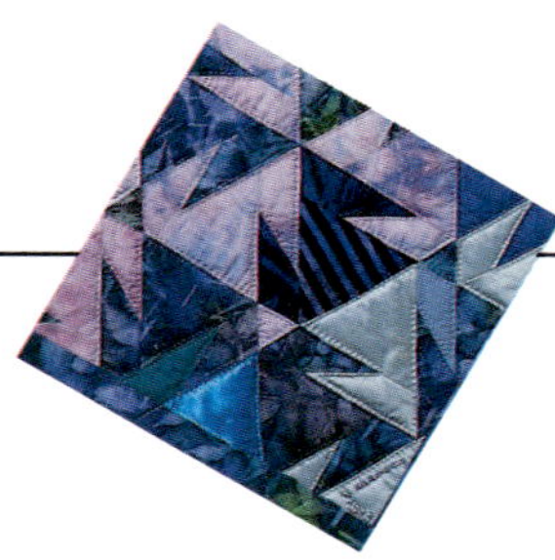

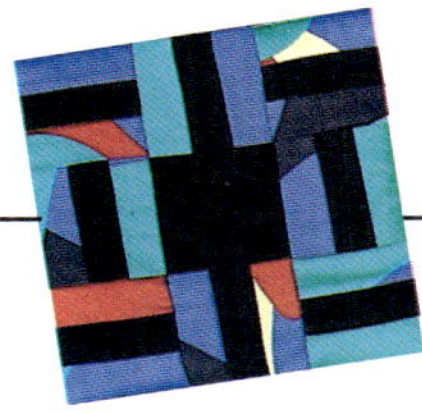

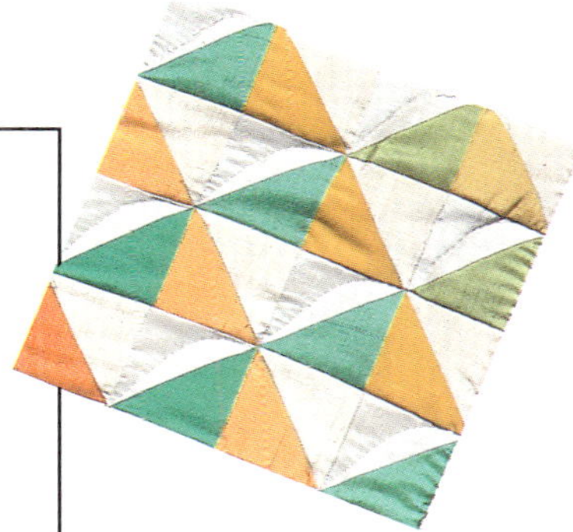

VORWORT

Patchworkarbeiten und Quilts erfreuen sich bei uns seit mehreren Jahren einer immer größeren Beliebtheit. (Das englische „to quilt" bedeutet absteppen; „Patchwork" = Flickwerk.) Gleichzeitig mit der wachsenden Zahl seiner Anhänger entwickeln sich laufend neue Methoden, die auf den herkömmlichen Techniken aufbauen. Insbesondere der amerikanische Quilt mit seinen traditionellen Patchworkmotiven wird immer wieder zum Ausgangspunkt zeitgenössischer Musterkombinationen genommen.

Alter amerikanischer Quilt mit traditionellem Blockmuster, ca. 95 Jahre alt. Größe: 175 x 210 cm

Neben dem Aussehen hat sich auch die Funktion der Quilts geändert. Während sie ursprünglich als Bettdecke genutzt wurden, hängt man sie heute als dekorativen Schmuck an die Wand. Die Muster sind schwungvoll und farbenprächtig, manche Motive wirken verwirrend und geheimnisvoll, andere wiederum sehen abstrakt und asymmetrisch aus.

Außergewöhnliche Quilts entstehen oft in Workshops und sind das Ergebnis origineller Arbeitsmethoden, die im engen Austausch unter den Textilkünstlerinnen entwickelt werden.

Wer beabsichtigt, alle Methoden kennenzulernen, wird sich zeit seines Lebens damit beschäftigen können. Aus den zahlreichen alten und neuen Techniken habe ich in diesem Buch fünf der bekanntesten zusammengestellt und in die Kapitel „Blockmuster", „Muster aus Streifen", „Scrap-Quilts", „Mosaikarbeiten" und „Crazy-Patchwork" unterteilt. Jede Methode hat ihre Eigenart und überschneidet sich gleichzeitig mit anderen Techniken. Der „Block" als sich wiederholendes Element ordnet den Quilt in gleichartige Segmente. Streifen können sowohl präzise geschnitten als auch zufällig angeordnet verarbeitet werden. Einzelformen finden sich zum Beispiel als Quadrate oder Dreiecke sowie als Figuren mit geschwungenen Linien, die zusammengesetzt ein lückenloses Mosaikmuster ergeben.

Um die vielfältigen Möglichkeiten zu zeigen, stellen zeitgenössische Quilterinnen in Schritt-für-Schritt-Anleitungen ihre schönsten Arbeiten vor. Grundtechniken, die man zur Herstellung eines Quilts benötigt, werden im kompakten Einleitungsteil erläutert.

Dieses Buch möchte Ihnen den Reiz des Quiltens näherbringen und Sie dazu anleiten, eigene Ideen umzusetzen. In jedem Fall ist Ihnen ein befriedigendes Erfolgserlebnis beim Nacharbeiten der Quilts sicher.

Irene Kahmann

Geschichte des Patchworks und Quiltens

Irmgard Stängl: Neuer Quilt nach altem amerikanischen Muster „Double-nine-patch". Größe: 145 x 230 cm, 1991

Der Ursprung der Patchworkquilts liegt vermutlich im Orient. Mehr als 3000 Jahre alte Patchworkarbeiten wurden in der Gegend um Kairo in Ägypten gefunden. Sie sind die ältesten noch erhaltenen Belege für diese Handarbeitstechnik. Zahlreiche Funde aus aller Welt bezeugen, daß Quilting in den verschiedensten Gegenden ausgeübt wurde. Besonders der nordamerikanische Quilt besitzt eine lange Tradition und nimmt sogar einen Platz in der Kulturgeschichte des Landes ein. Es war dort viele Generationen lang üblich, daß Frauen für ihre Familien Patchworkdecken anfertigten.

Hierzulande konnten sich Quilts lange nicht durchsetzen. Wir wissen aber, daß bereits im 13. Jahrhundert Stepparbeiten an Kleidungsstücken zu finden sind, die vorwiegend als Verstärkung des Materials und zur Wärmeisolierung dienten. Im ausgehenden 17. Jahrhundert spielte die gewerbliche Textilherstellung eine wichtige Rolle. Näharbeiten, vor allem Trachten, wurden über Generationen hinweg von professionellen Schneidern angefertigt. Im 18. Jahrhundert entstanden dann sogenannte Bildteppiche, die spezifische Merkmale der klassischen Patchwork- und Quiltarbeiten aufweisen. Man nimmt an, daß jeweils mehrere Personen an der Herstellung eines Teppichs beteiligt waren. Die religiösen Themen der Arbeiten deuten darauf hin, daß sie in Klöstern, Waisenhäusern oder Spitälern hergestellt wurden.

Als Kunsthandwerk entwikkelten sich Patchwork und Quilting bei uns erst vor wenigen Jahrzehnten. Besonders die Patchwork Gilde Deutschland e.V. mit ihren steigenden Mitgliederzahlen hat entscheidend dazu beigetragen, daß sich diese Technik hierzulande zunehmend verbreitet. Das freie Spiel mit Stoffen, Farben und Formen wird auch weiterhin viele, die es einmal ausprobiert haben, begeistern und nicht wieder loslassen.

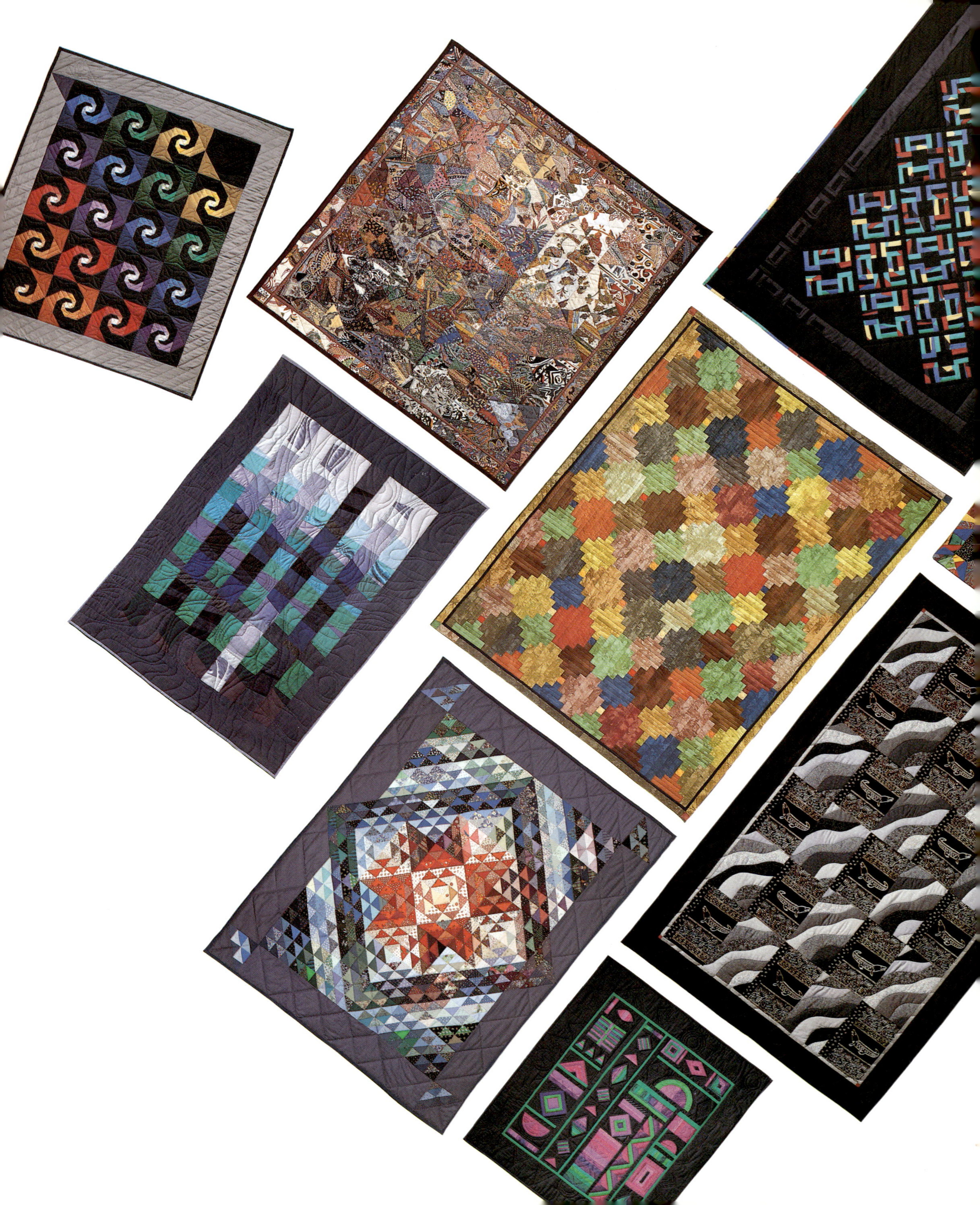

GRUNDWISSEN

Das erste Kapitel führt Sie in die Grundlagen des Patchworkens und Quiltens ein. In diesem Kurzlehrgang werden die Voraussetzungen erläutert, um einen sauber gearbeiteten Quilt anzufertigen.
Das Wichtigste ist zunächst die Auswahl der Stoffe, ihre Pflege und ihre Vorbehandlung. Um besondere Effekte zu erzielen, ist es nötig, die Eigenschaften der Gewebe zu kennen. Direkt in Zusammenhang mit den Stoffen stehen die Farben und ihre Wirkung. Es gibt ein paar einfache Regeln, die einer Quilterin beim Aufbau des Entwurfs helfen.
Auch bei den Nähmethoden sind einige Kniffe zu beachten, die die Arbeit erheblich erleichtern. Vor allem Spezialtechniken wie das „Strip Piecing" oder die „Schnellen Dreiecke" sind typisch für modernes Patchwork und eine Bereicherung für dieses Kunsthandwerk.
Die farblich passende Randeinrahmung bildet den Abschluß der Oberseite. Erst dann entsteht aus einer einfachen Patchworkarbeit ein Quilt. Man legt die Oberseite, die Vlieseinlage und den Rückseitenstoff zusammen und quiltet die Decke in unterschiedlichen Mustern. Mit der Einfassung und dem Aufhängetunnel wird der Quilt abgeschlossen. Wer möchte, fügt noch seine Signatur und sein Label an.

STOFFE

Die Auswahl der Stoffe hängt ganz von Ihrem Geschmack ab und von der Art des Quilts, den Sie anfertigen möchten. Je nach Vorliebe können Sie entweder einfarbige oder gemusterte, selbstgefärbte oder in passenden Farben zusammengestellte Stoffe verwenden. Die traditionellen Motive wurden jahrzehntelang in kleingemusterten Baumwolldrucken gearbeitet. Heute findet man diese Drucke in reichhaltiger Auswahl, die Kollektionen sind genau aufeinander abgestimmt. Aber auch großblumige Dekostoffe, Karo- und Streifenmuster eignen sich hervorragend für eine Patchworkdecke.

BAUMWOLLE

Reine Baumwolle wird am häufigsten verwendet. Sie läßt sich leicht zuschneiden, hält die Form und ist einfach zu nähen. Die Auswahl an passenden Baumwollstoffen ist groß. Es gibt sie in allen erdenklichen Farbtönen und mit vielen verschiedenen Druck- und Webmustern.

SEIDE

Seide wirkt durch ihren matten Glanz besonders edel. Sie können unter verschiedenen Seidensorten wie Honan-, Shantung-, Pongé-, Dupion- und Bourretteseide wählen. Besonders dünne Seidenstoffe werden zur Verstärkung vor dem Zuschneiden auf feine Vlieseline gebügelt. Bouretteseide ist von ihrer Struktur her der Baumwolle sehr ähnlich, sie läuft allerdings beim ersten Waschen stark ein. Da die Schnittkanten von Wildseiden schnell ausfransen, sollte man sie mit Zickzackstichen einfassen.

ANDERE GEWEBE

Neben Baumwolle und Seide können Sie auch andere Gewebe wie zum Beispiel Leinen, Viskose, Mischgewebe und Synthetics verwenden. Es ist reizvoll, die verschiedenen Nähtechniken mit unterschiedlichen Stoffen auszuprobieren.

VLIESE

Sie sind die Füllung der Quilts. Polyestervliese gibt es in verschiedenen Stärken und Qualitäten zu kaufen. Daneben sind auch Vliese aus Naturfasern wie Baumwolle, Wolle und Seide im Fachhandel erhältlich.

STOFFE – EINFARBIG UND GEMUSTERT

Einfarbige Stoffe heben das Motiv der Decke hervor. Jede einzelne Form ist deutlich zu erkennen. Gemusterte Stoffe verwischen teilweise die Konturen der Formen. Sie verleihen dem Quilt jedoch seinen eigenen Stil. So wirken Blumen und Herzen nostalgisch und passen zu traditionellen Decken. Dagegen werden große Designs für moderne Entwürfe und Spezialeffekte verwendet. In Stücke geschnitten, können großflächige Muster ihr Aussehen völlig verändern.

STOFF-VERBRAUCH

Wer den Stoffverbrauch ganz exakt berechnen möchte, muß zuerst alle Teile, aus denen sich seine Decke zusammensetzt, zählen. Dazu ist es notwendig, einen zumindest groben Entwurf des Quilts anzufertigen. Dann wird jedes einzelne Teil in entsprechend große Quadrate oder Rechtecke umgesetzt und auf einer Skizze die Anzahl der Formen reihenweise gemäß der Stoffbreite eingetragen. Aus der Summe der Reihen ergibt sich die benötigte Stoffmenge, zu der man 10 bis 20 Prozent Verschnitt hinzurechnet.
Dieses Verfahren der Stoffmengenermittlung ist zwar genau, aber auch kompliziert und aufwendig. Deshalb sind viele Patchworkerinnen dazu übergegangen, den Stoffverbrauch großzügig zu schätzen und im Zweifelsfall etwas mehr Stoff zu kaufen. Auf diese Weise erweitert sich die Auswahlpalette von Stoffresten für die nächsten Decken. Sollte Ihnen tatsächlich einmal während der Arbeit an einem Quilt ein Stoff ausgehen, setzen Sie einfach ein passendes Teil aus Ihrem Vorrat ein. Manch interessanter Effekt wurde durch eine derartige Zufallskombination bereits erzielt.

VORBEHANDLUNG UND PFLEGE

Um zu verhindern, daß ein Quilt sich nach dem Waschen verfärbt oder gar einläuft, werden alle für ihn benötigten Stoffe vorgewaschen. Gleichzeitig entfernt man dadurch auch die Appretur. Das Gewebe wird weich und läßt sich leichter nähen. Waschen Sie bunte Baumwollstoffe bei 40° C mit Feinwaschmittel vor. Nessel wird bei 95° C mit Vollwaschmittel gewaschen.
Fertige Quilts aus Baumwolle oder Seide, die mit Wollvlies gefüttert sind, können Sie kalt mit Feinwaschmittel waschen. Die Decken läßt man anschließend an einem schattigen, gut gelüfteten Ort im Liegen trocknen. Sie brauchen danach in der Regel nicht mehr gebügelt zu werden. Quilts aus unterschiedlichen Textilfasern gibt man sicherheitshalber in die Chemische Reinigung.

STOFFE FÄRBEN

Häufig ist es sinnvoll, Stoffe zu färben oder zu überfärben. Mit den verschiedenen im Fachhandel angebotenen Färbemitteln geht das schnell und einfach. Man unterscheidet zwischen Cellulosefarben für Baumwolle und Leinen, Eiweißfarben für Wolle und Seide sowie Spezialfarben für synthetische Fasern. Die Färbe- und Fixiermittel sind auf die entsprechenden Gewebe abgestimmt. Um zu verhindern, daß die Fasern geschädigt werden, ist es wichtig, die für die Stoffart geeigneten Färbe- und Fixiermittel zu wählen. Wichtig: Vor dem Färbevorgang müssen alle neuen Stoffe gewaschen werden.

RUND UM DIE FARBE

Farbe bereichtert unser Leben und verrät uns viel über die Beschaffenheit der Dinge um uns herum. Farben können unsere Gefühle beeinflussen, uns auf etwas aufmerksam machen und uns sogar warnen. Je bewußter wir Farben wahrnehmen und deren Eigenarten entdecken, desto spannungsreicher und interessanter können wir unsere Patchworkarbeiten gestalten.

Für einen Quiltentwurf spielt die Farbauswahl eine wesentliche Rolle. Die meisten Quilterinnen entnehmen ihre Anregungen den vorhandenen Stoffen und stellen die Entwürfe nach ihren persönlichen Vorlieben zusammen. Die aus dem Farbkreis hergeleiteten Harmoniegesetze helfen, wichtige Zusammenhänge zu erkennen, Wirkungen gezielt einzusetzen und neue Ideen zu entwickeln.

a

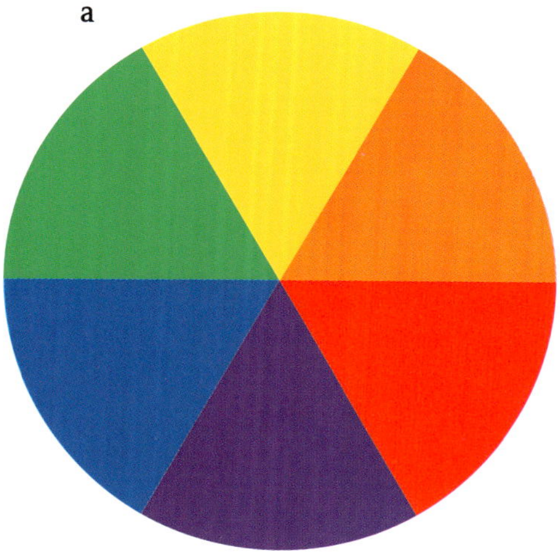

DER FARBKREIS

Die Grundlage für die Gesetze der Farbharmonie und der Farbwirkung bildet der Farbkreis **(Abb. a)**. Es gibt drei Primärfarben, Rot, Blau und Gelb, von denen alle anderen Farben abgeleitet werden können. Mischungen aus jeweils zwei Primärfarben sind Orange, Grün und Violett. Sie werden Sekundärfarben genannt.

FARBHARMONIE

Wenn man von der Harmonie der Farben spricht, meint man damit das Zusammenwirken von zwei oder mehreren Farben. Farbharmonie kann durch einander ähnliche, aber auch durch gegensätzliche Farben entstehen. Harmonie bedeutet immer Gleichgewicht.

HARMONIE DES KONTRASTES

Das Gesetz des Komplementärkontrastes bildet die Grundlage für harmonische Gestaltungen. Komplementärfarben liegen sich auf dem Farbkreis gegenüber wie zum Beispiel Rot und Grün, Blau und Orange, Gelb und Violett. Wenn Sie eine Farbe direkt neben ihre Komplementärfarbe setzen, steigern sich beide Farben gegenseitig in ihrer Leuchtkraft **(Abb. b)**. Für ruhigere Motive verwenden

b

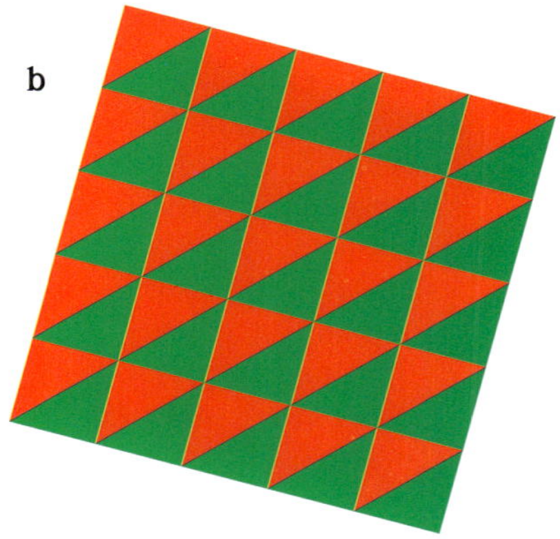

Sie die Zwischentöne, die bei dem Vermischen von zwei Komplementärfarben entstehen **(Abb. c)**. Einen besonders brillanten Farbklang ergibt die stufenweise Kombination von Farbtönen, die über eine Hälfte des Farbkreises von einer Komplementärfarbe zur anderen verläuft **(Abb. d)**.

VERWANDTE FARBHARMONIE

Bei Farben, die auf dem Farbkreis nebeneinanderliegen, überwiegt der Eindruck von Gemeinsamkeit. Sie sind miteinander verwandt. Farbklänge, die aus benachbarten Farben sowie deren Zwischentönen zusammengestellt werden, ergeben ruhige, erholsame Muster **(Abb. e)**.

c

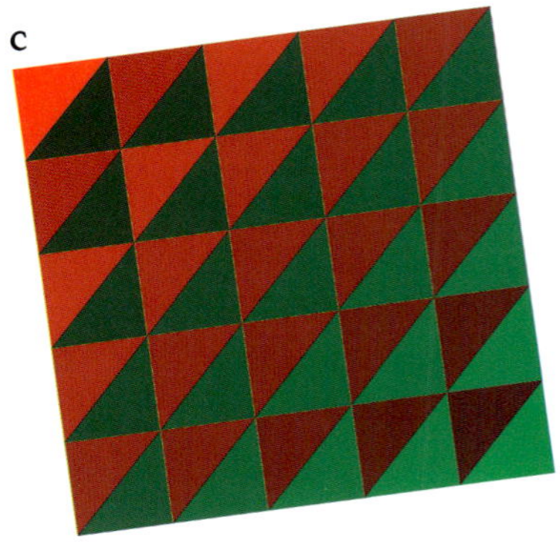

Monochromatische Harmonie

Aus jeder reinen Farbe läßt sich eine monochrome Farbskala entwickeln. Durch Beimischung von Weiß entstehen helle Tonfolgen, eine Beimischung von Schwarz ergibt abgedunkelte Farbreihen **(Abb. f)**. Wenn Sie die hellen und dunklen Stoffteile gezielt anordnen, bringen Sie den Eindruck von Tiefe in ihre Arbeit.

Harmonie der Ähnlichkeit

Farben der gleichen Helligkeitsstufe lassen sich nahezu beliebig miteinander kombinieren, denn sie wirken einander ähnlich **(Abb. g)**. Farbanordnungen der Ähnlichkeit benötigen meist noch einen Kontrast oder spannungsreichen Gegenpol, um ihre Wirkung zu entfalten.

d

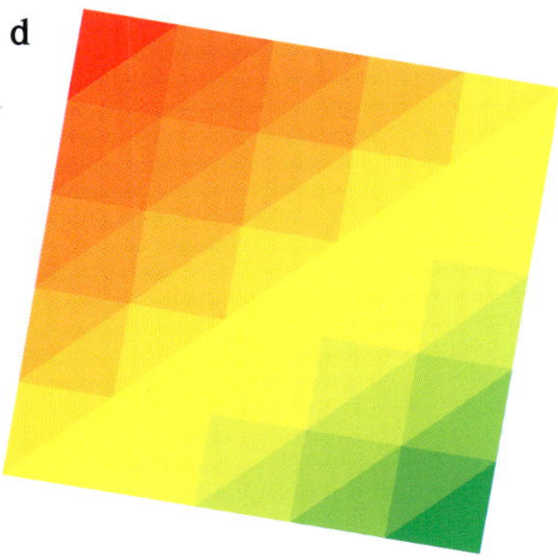

e

f

Farbwirkung

Die Wirkung einer Farbe wird vor allem durch ihre Leuchtkraft und ihre Flächengröße bestimmt. Gelb ist die hellste Farbe und hat die stärkste Leuchtkraft, das komplementäre Violett dazu ist die dunkelste Farbe und besitzt dementsprechend die schwächste Leuchtkraft.
Um ein harmonisches Verhältnis zwischen den beiden Farben zu erlangen, muß Violett eine dreimal so große Fläche einnehmen wie das Gelb. Der Bauhauslehrer Johannes Itten (1888-1967) hat dafür in seiner Farbenlehre ein einfaches Zahlenverhältnis festgelegt. Gelb und Violett ergeben bei einem Verhältnis von 1:4 ein optisches Gleichgewicht. Rot und Grün gleichen sich bei einem Verhältnis von 1:1 aus. Sie besitzen einen ähnlichen Farbwert. Blau und Orange ergeben bei einem Verhältnis von 3 : 2 eine harmonische Zusammenstellung.
Für ausgewogene Gesamtwirkungen sollte man noch weitere Eigenarten der Farben berücksichtigen: Zwei nebeneinanderliegende Farben beeinflussen sich gegenseitig. Sie gleichen sich der Nachbarfarbe an oder verstärken die Unterschiede. Ob eine Farbe hell oder dunkel, kalt oder warm wirkt, hängt ebenfalls von der angrenzenden Farbe ab.
Warme Farben drängen nach vorn, kalte Farben liegen scheinbar weiter hinten. Darüber hinaus können Farben optisch die Größe einer Form verändern oder räumliche Visionen erzeugen oder verstärken **(Abb. h)**. Sie variieren ihre Intensität je nach Hintergrund. Schwarz bringt die Farben zum Leuchten, während sie auf Weiß dunkler erscheinen. Ein grauer Hintergrund dämpft die Wirkung der reinen Farben ab und läßt sie stumpf aussehen.

g

h

HANDWERKSZEUG UND ZUBEHÖR

Nadel, Faden und eine Schere finden sich sicher in jedem Haushalt. Wenn Sie allerdings intensiver einsteigen und sich an die Quilts dieses Buches heranwagen wollen, ist es angebracht, sich in einem Patchworkladen oder einem Fachgeschäft nach Spezialzubehör für diese besondere Handarbeitstechnik umzusehen. Nur mit dem richtigen Werkzeug ist es möglich, eine gelungene Arbeit herzustellen, deren Anfertigung zudem auch noch Spaß macht.

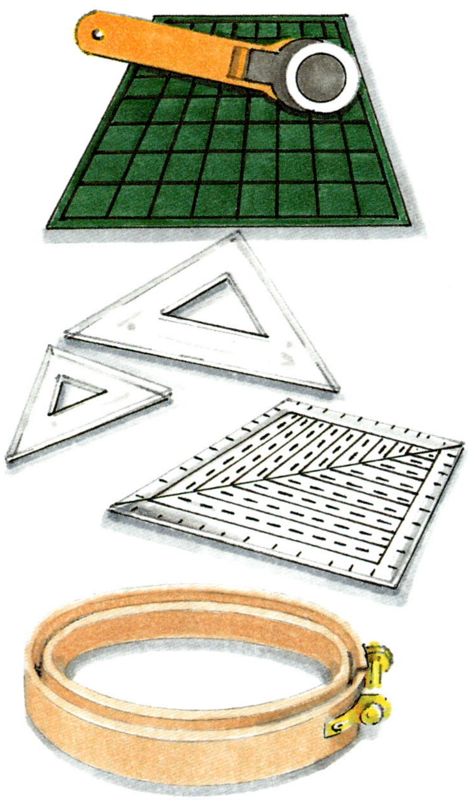

NÄHZUBEHÖR

Nadeln: Zum Quilten und Handnähen gibt es spezielle Quiltnadeln. Sie sind kurz, stabil und haben etwas größere Öhren als gewöhnliche Nadeln, da die Quiltfäden sonst zu schwer einzufädeln sind. Nadeln der Stärke 7 bis 8 sind am besten zum Handquilten geeignet. Außerdem benötigen Sie für Ihre Arbeit lange Nähnadeln sowie feine Schneiderstecknadeln. Wichtig: Werfen Sie stumpfe und rostige Nadeln weg; sie beschädigen Ihren Stoff.

Garn: Im Fachhandel ist spezielles Quiltgarn erhältlich. Es ist zweifach gezwirnt und besteht aus einem Polyesterkern mit Baumwollummantelung. Darüber hinaus benötigen Sie für das Handnähen und Quilten ein neutrales Maschinengarn, Heftfaden, feine Nähseiden und farbige Spaltstickgarne.

Scheren: Verwenden Sie eine leichte Stoffschere, die bis zur Spitze schneidet. Alte Schneiderscheren sind nicht so gut geeignet, denn sie liegen zu schwer in der Hand. Achtung: Nehmen Sie die Stoffschere ausschließlich zum Schneiden von Stoffen. Andere Materialien machen die Klingen stumpf. Weiter benötigen Sie eine Papierschere sowie eine kleine spitze Schere, um Einschnitte in den Nahtzugaben anzubringen.

Weitere Arbeitshilfen: Fingerhut, Trennmesser, Bügeleisen und Bügelunterlage, Maßband und Handmaß.

Nähmaschine: Wenn Sie nicht gerade vorhaben, einen komplizierten Mosaikquilt anzufertigen, erleichtert eine gute Nähmaschine, ausgestattet mit doppeltem Stofftransport und verschiedenen Nadelpositionen, die Arbeit. Wie für jedes Werkzeug gilt auch für die Nähmaschine: Regelmäßige Wartung und Pflege sind die Voraussetzung für gute Ergebnisse.

WERKZEUG FÜR ENTWURF UND ZUSCHNITT

Stifte: Sie benötigen zum Aufzeichnen von Entwürfen, Schablonen und Nählinien auf Stoff einen Bleistift sowie einen weißen oder gelben Farbstift. Auch ein Bleistiftanspitzer darf nicht vergessen werden, denn gespitzte Stifte sind die Voraussetzung für exaktes Aufzeichnen der Formen und für genaue Konstruktionslinien.

Millimeter- und Isometriepapier: Diese Spezialpapiere sind zum paßgenauen Übertragen oder Konstruieren von Schablonen unentbehrlich. Darüber hinaus wird auch Vlieseline mit Zentimetereinteilung angeboten. Das Raster vereinfacht das Nähen von Blockhaus- und Streifenmustern.

Stabile Plastikfolie oder fester Karton: Für wiederverwendbare Schablonen ist stabile Plastikfolie besonders gut geeignet, da sie lange die zugeschnittenen Konturen hält. Fester Karton läßt sich ebenfalls zur Schablonenherstellung verwenden.

Feines Sandpapier: Damit der Stoff beim Übertragen der Schablonen nicht verrutscht, wird ein Bogen feines Sandpapier untergelegt.

Schneidematte und Rollschneidemesser : Der sogenannte „Rotary Cutter", 1976 von Barbara Johannah in den USA entwickelt, ist heute aus der Patchworktechnik nicht mehr wegzudenken. Mit ihm lassen sich besonders gut mehrere Stofflagen gleichzeitig schneiden. Außerdem wird er in der Streifentechnik eingesetzt und zum Begradigen von Stoffkanten genommen. Geschnitten wird auf einer Schneidematte, der idealen Unterlage und Ergänzung zu dem Messer. Um nicht unerwartet die Arbeit abbrechen zu müssen, sollte man stets Ersatzklingen bereithalten.

Weitere Arbeitshilfen: Durchsichtige Schneidelineale aus Kunststoff mit Winkeleinteilungen von 45° und 60° sind äußerst nützlich. Weiter benötigen Sie Dreiecke in verschiedenen Größen, einen Zirkel und – wenn möglich – auch ein Bias Square. Das ist ein Speziallineal, mit dem man leichter und präziser Quadrate, Dreiecke und Rechtecke zuschneiden kann.

QUILTING-ZUBEHÖR

Zauberstift, Kreidestift oder Bleistift mit Spezialradiergummi: Diese Stifte benötigt man zum Aufzeichnen von Quiltlinien. Die Striche dürfen später nicht mehr zu sehen sein. Deshalb ist es wichtig, die Stifte vorher zu testen. Wasserlösliche Zauberstifte können nicht aus allen Stoffen entfernt werden, und selbstlöschende Stifte ziehen manchmal auch die Farbe des Stoffes mit heraus.

Quiltrahmen: Es gibt sie in verschiedenen Größen aus Holz und aus Kunststoff. Sie sind in runden und eckigen Formen erhältlich, so daß sich jeder den für ihn passenden Rahmen heraussuchen kann. Auch Standgeräte werden angeboten.

ENTWURF UND ZUSCHNITT

a

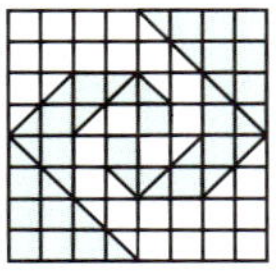

b

c

d

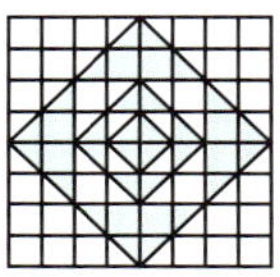

e

f

MUSTER ENTWERFEN

Die meisten Patchworkmuster sind aus sich wiederholenden Einheiten aufgebaut. Um sie zu entwickeln, legt man zunächst die Größe des Quilts fest und bestimmt dann die Maße des Einzelelements. Auf Millimeter- oder Isometriepapier wird anschließend das Motiv in verkleinertem Maßstab in ein Rasternetz gezeichnet. Tip: Wenn es nicht ausdrücklich auf die Farben ankommt, legen Sie Ihre Entwürfe in Schwarzweiß an. Dadurch können Sie die Grundelemente in beliebiger Anzahl fotokopieren. Die Wirkung der Patchworkdecke hängt allerdings nicht nur vom einzelnen Element ab, sondern auch von seiner Kombination. Manche Musterblöcke sehen nebeneinandergesetzt langweilig aus, während andere Elemente durch die Wiederholung ein faszinierendes Motiv bilden. Verschiedene Kombinationsmöglichkeiten des traditionellen Blockes „Snail Trail" verdeutlichen, wie vielfältig sich Einheiten gestalten und zusammenstellen lassen:

Das Grundelement **(Abb. a)** wirkt einzeln abgebildet völlig anders, als eingeordnet in einer Reihe gleichartiger Blöcke **(Abb. b)**. Spiegelbildlich angeordnete Einheiten ergeben wiederum ein verändertes Bild **(Abb. c)**.

Eine andere Hell-Dunkel-Anordnung der Innenteile läßt ein neues Muster entstehen **(Abb. d)**, das man abwechselnd als Positiv-Negativ-Form nebeneinander aufreihen kann **(Abb. e)**.

Auch mit den Größen und Proportionen der Elemente läßt sich spielen **(Abb. f)**.

Darüber hinaus können Sie den Block zerlegen und aus einem Einzelteil ein weiteres, völlig anderes Element zusammensetzen **(Abb. g)**.

SCHABLONEN

Die Motive und die Einzelteile des Musterblocks werden in Originalgröße auf Millimeterpapier übertragen. Verkleinerte Zeichnungen Ihres Entwurfs können Sie leicht auf das gewünschte Format bringen, indem Sie die zugrundegelegte Rastereinteilung vergrößern **(Abb. h)**.

Dann schneidet man die Formen mit einer Papierschere aus, klebt sie auf festen Karton und schneidet sie nochmals aus dem Karton zu. Eine Alternative sind Schablonen aus stabiler Plastikfolie. Die transparente Folie wird einfach auf die Vorlage gelegt, das Motiv wird durchgezeichnet und ausgeschnitten.

Versehen Sie alle Schablonen mit einem Pfeil für den Fadenlauf und einer fortlaufenden Numerierung. Schablonen, die auch seitenverkehrt verwendet werden, kennzeichnet man mit Zeichen für

g

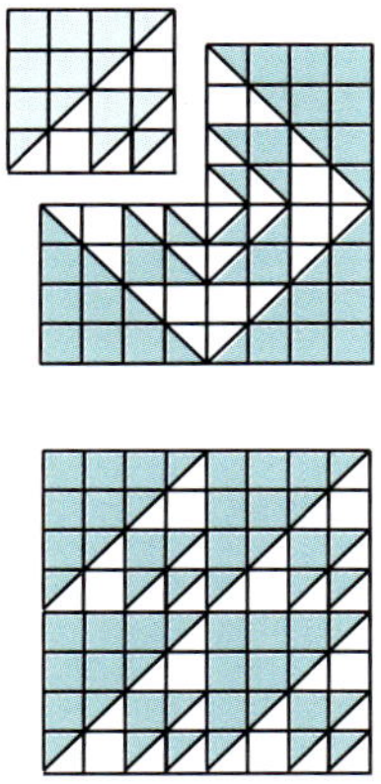

h

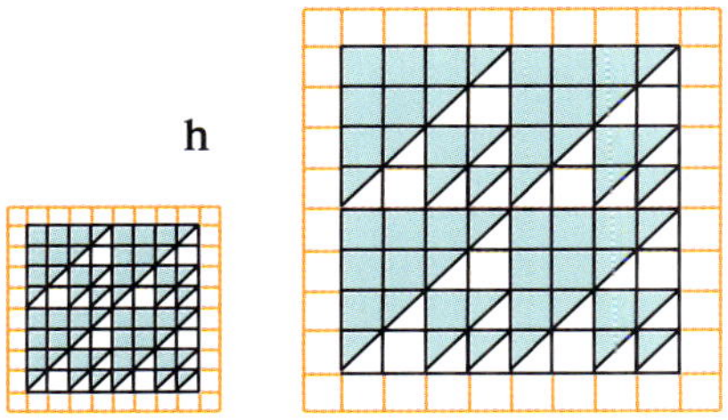

rechts (re) und links (li).
Für Formen, die mit der Nähmaschine zusammengefügt werden, bereitet man in der Regel Schablonen vor, in denen die Nahtzugabe bereits enthalten ist. Schablonen ohne Nahtzugabe benötigen Sie für Teile, die mit der Hand zu nähen sind. Die Nahtzugabe markiert man hierbei auf dem Stoff.

TEILE ZUSCHNEIDEN

Damit der Stoff beim Zuschneiden nicht verrutscht, legen Sie ihn mit der Vorderseite auf einen Bogen feines Sandpapier. Die Webkanten des Stoffs werden vorher abgeschnitten. Anschließend ordnen Sie die Schablonen möglichst platzsparend auf der Stoffrückseite an und umfahren sie mit einem Bleistift oder – bei dunklem Stoff – mit einem weißen Stift. Achten Sie beim Auslegen auf den Fadenlauf **(Abb. i)**. Die Stoffteile werden einschließlich Nahtzugabe (in der Regel 7 bis 7,5 mm) mit der Schere ausgeschnitten.

STREIFENZUSCHNITT MIT DEM ROLLSCHNEIDEMESSER

Mit dem Rollschneidemesser und einem Lineal lassen sich auf rationelle Weise gleich mehrere Streifen in einem Arbeitsgang schneiden.
Streifenbreite bestimmen: Rechnen Sie zur Streifenbreite zweimal die Nahtzugabe hinzu. Wenn Sie also einen Streifen mit einer Breite von 4 cm benötigen, schneiden Sie Stoffstreifen von 5,5 cm Breite zu. 1,5 cm werden für die beidseitige Nahtzugabe berechnet.
Zuschneiden: Bügeln Sie Ihren Stoff, und falten Sie ihn von Kante zu Kante zusammen. Dünne Stoffe – mit Ausnahme von Seide – können auch zweimal gefaltet werden. Danach wird der Stoff im rechten Winkel auf die Schneidematte gelegt und

i

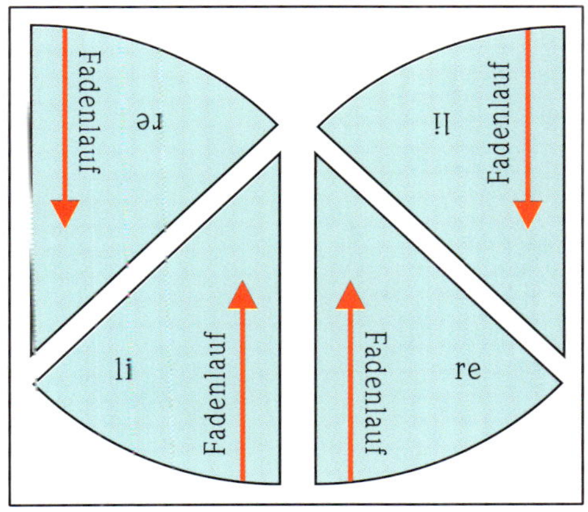

das Schneidelineal angesetzt. Fahren Sie mit dem Rollschneidemesser mit gleichmäßigem Druck an der Linealkante entlang **(Abb j)**. Bewegen Sie dabei stets den Rollschneider vom Körper weg, und achten Sie auf Ihre Finger. Die Kuppen dürfen nie über die Linealkante hinausragen! Vermeiden Sie ebenfalls, in die Plastikkante des Lineals zu schneiden. Die Klinge wird dadurch stumpf.
Keine Angst, das hört sich alles komplizierter an, als es ist. Schon nach kurzer Zeit werden Sie sich an den Umgang mit dem Rollschneidemesser gewöhnt haben und es häufig benutzen.

j

NÄHMETHODEN

a

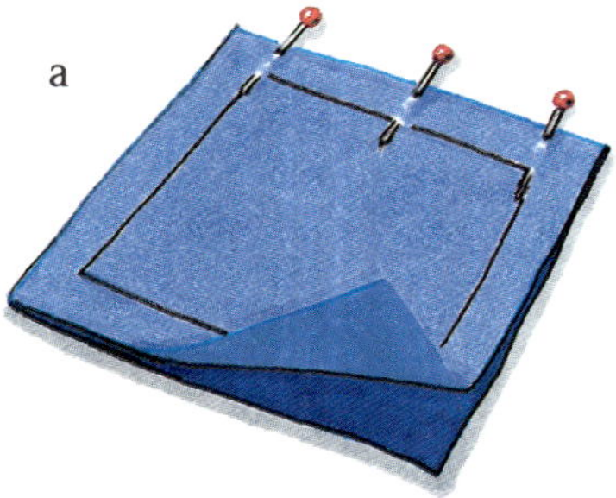

b

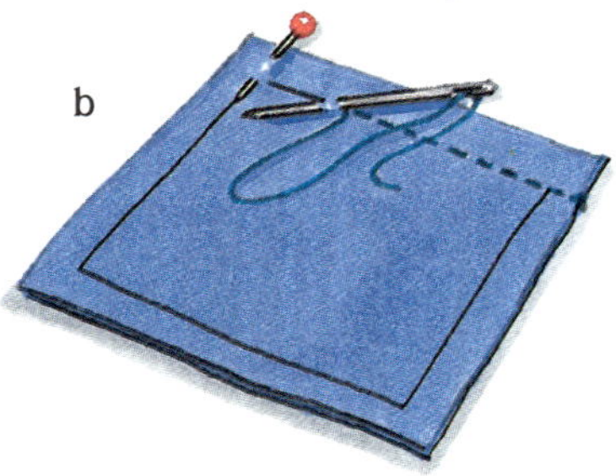

c

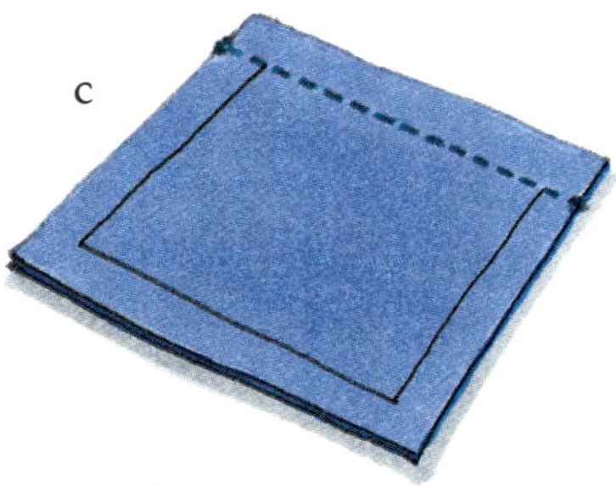

d

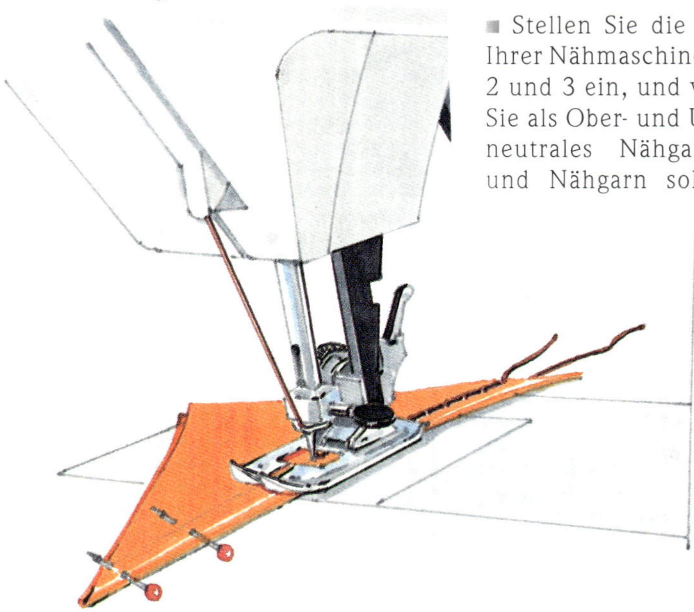

HANDNÄHEN

■ Legen Sie 2 Stoffteile rechts auf rechts aufeinander, und fixieren Sie sie mit Stecknadeln, indem Sie zunächst 2 Nadeln in die beiden Endpunkte der Nahtlinie einstechen. Danach stecken Sie in gleichmäßigen Abständen weitere Nadeln entlang der Linie. Die Nadeln werden dabei senkrecht zur Nahtlinie plaziert **(Abb. a)**.

■ Fädeln Sie einen Faden ein, und vernähen Sie ihn **(Abb. b)** auf der Nahtzugabe. Nähen Sie mit kleinen, gleichmäßigen Vorstichen entlang der Linie, und vernähen Sie das Ende des Fadens wieder in der Nahtzugabe **(Abb. c)**.

MASCHINEN-NÄHEN

■ Stellen Sie die Stichlänge Ihrer Nähmaschine zwischen 2 und 3 ein, und verwenden Sie als Ober- und Unterfaden neutrales Nähgarn. Stoffe und Nähgarn sollten möglichst aus dem gleichen Material sein. Legen Sie wie beim Handnähen 2 Stoffteile rechts auf rechts aufeinander, die Stecknadeln quer zur Nährichtung gesteckt. Halten Sie die Fadenenden fest, und nähen Sie ohne Rückstich entlang der Nahtlinie **(Abb. d)**. Sie können auch die Nähfüßchenkante an der Stoffkante vorbeilaufen lassen. Es ergibt sich dann eine "füßchenbreite" Nahtzugabe, üblicherweise zwischen 6 und 8 mm. Bei schmaleren oder breiteren Füßchen verstellt man einfach die Nadel nach rechts oder links.

■ Tip: Um das lästige Einziehen der Fadenenden zu vermeiden, fügen Sie am Ende der Naht einen kleinen, doppelt gelegten Stoffrest an und nähen bis zur Mitte darüber. Die Nadel wird im Stoff versenkt. Sobald Sie mit der Arbeit fortfahren möchten, nähen Sie einfach weiter und schieben das nächste Stoffteil nach.

■ Zur Arbeitserleichterung trägt auch das sogenannte „Endlosnähen" bei: Mehrere gleiche Stoffteile werden hierbei, ohne die Maschine abzusetzen, als Kette hintereinandergenäht **(Abb. e)**. Danach braucht man die Teile nur noch auseinanderzuschneiden und kann sie wie gewohnt weiterverarbeiten.

■ Wenn Sie sämtliche Stoffteile, Einheiten oder Musterblöcke Ihres Quilts zu Reihen zusammengefügt haben, können Sie mit dem nächsten Arbeitsschritt beginnen und diese Reihen aneinandernähen. Dazu werden je 2 Reihen mit den rechten Seiten aufeinandergelegt, entlang der Nähte gesteckt und anschließend zusammengenäht **(Abb. f)**. Die großen Stoffbahnen, die Sie hierbei erhalten, werden zum Nähen vorsichtig gerollt oder gefaltet.

f

BÜGELN

- Grundsätzlich bügelt man bei Patchworkarbeiten die Nahtzugaben nach einer Seite hin. Bei auseinandergebügelten Zugaben sind die Nähte weniger haltbar, sie dehnen sich und können die Füllung verlieren.
- Wenn möglich, bügeln Sie die Nahtzugaben zur dunklen Stoffseite hin, damit sie nicht durchscheinen.

g

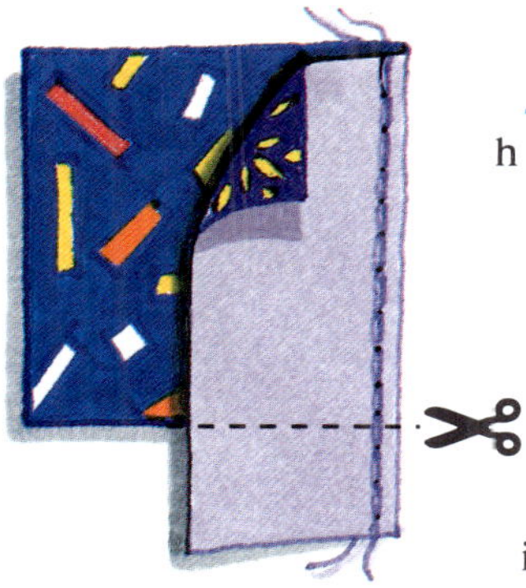

h

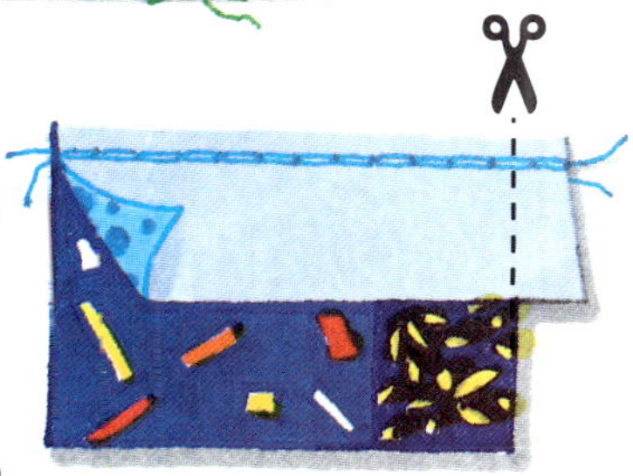

e

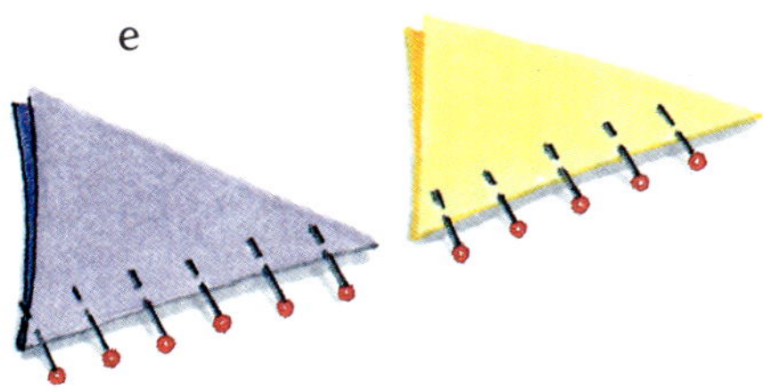

BLOCKHAUS-TECHNIK

Das „Blockhaus" ist eines der bekanntesten Patchworkmuster. Der traditionelle Block ist diagonal in eine helle und eine dunkle Hälfte geteilt.

- Nähen Sie an eine Seite eines Quadrates rechts auf rechts einen Stoffstreifen, und schneiden Sie das überstehende Ende ab **(Abb. g)**.
- Den Streifen aufklappen und einen zweiten Streifen gleicher Breite im rechten Winkel daransetzen. Den zweiten Streifen ebenfalls kantengerade abschneiden **(Abb. h)**.
- Einen dritten Streifen in einer Kontrastfarbe anfügen und das überstehende Ende kürzen **(Abb. i)**.
- Fahren Sie reihum so fort, bis der Block die gewünschte Größe erreicht hat **(Abb. j)**.

i

j

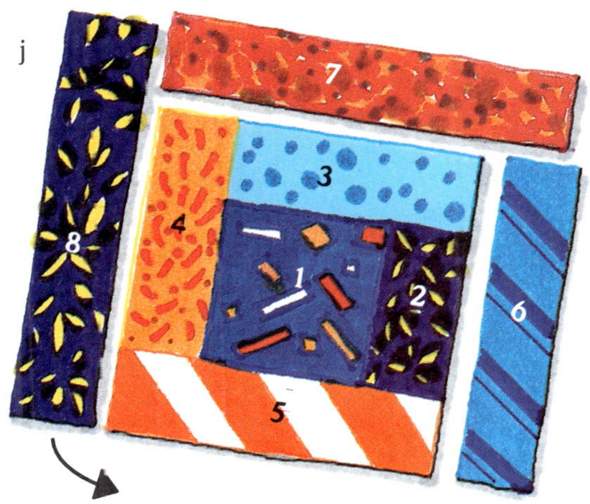

k

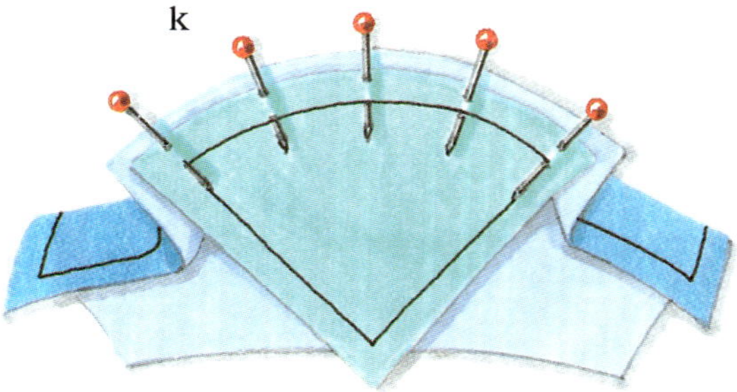

l

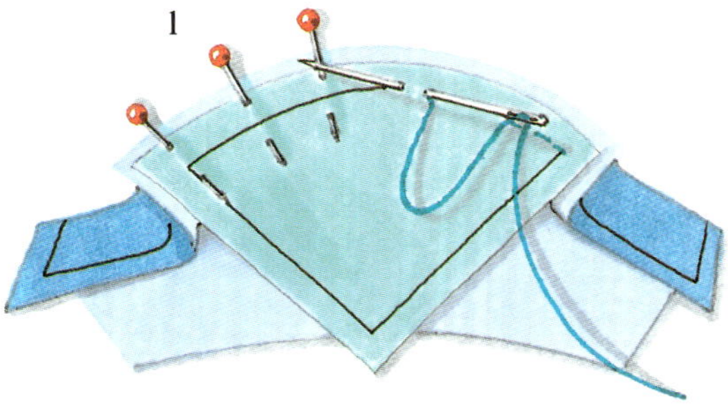

KURVEN NÄHEN

■ Legen Sie die 2 Stoffteile so aufeinander, daß sich die nach außen gewölbte Kante in die nach innen gewölbte Kante einpaßt oder, anders ausgedrückt, daß die konvexe Kurve paßgenau auf der konkaven Kurve liegt.

■ Stecken Sie die Teile mit Stecknadeln zuerst an den Ecken zusammen, und fixieren Sie dann in gleichmäßigen Abständen die gesamte Kurvennaht **(Abb. k)**.

■ Die Kurve können Sie von Hand oder mit der Maschine nähen **(Abb. l)**.

■ Entfernen Sie während des Nähens die Stecknadeln, und prüfen Sie anschließend, ob die Stiche auch auf der Rückseite genau entlang der Nählinie verlaufen.

WINKEL EINSETZEN

■ Legen Sie die 3 Teile, die zusammengenäht werden sollen, vor sich hin **(Abb. m)**.

■ Nähen Sie Teil 1 und 2 bis zur angrenzenden Nahtzugabe zusammen, und fixieren Sie das Fadenende mit Rückstichen **(Abb. n)**.

■ Teil 3 wird nun wie folgt eingesetzt: Nähen Sie rechts auf rechts Teil 3 so an die Kante von Teil 2, daß alle drei Teile in der Mitte zusammentreffen **(Abb. o)**.

m

n

Abermals wird nur auf der Nählinie und nicht über die Nahtzugabe genäht. Die Fadenenden sichert man jeweils mit Rückstichen.

■ Passen Sie danach die Stoffkanten von Teil 3 und Teil 1 aufeinander, schließen Sie die Naht, und fixieren Sie die Fadenenden **(Abb. p** und **Abb. q)**.

o

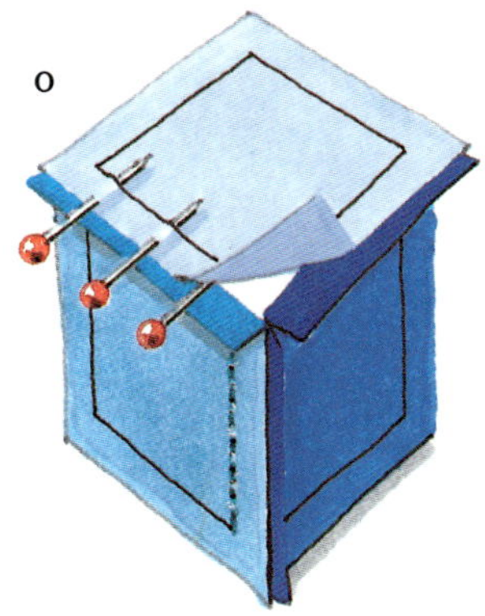

p

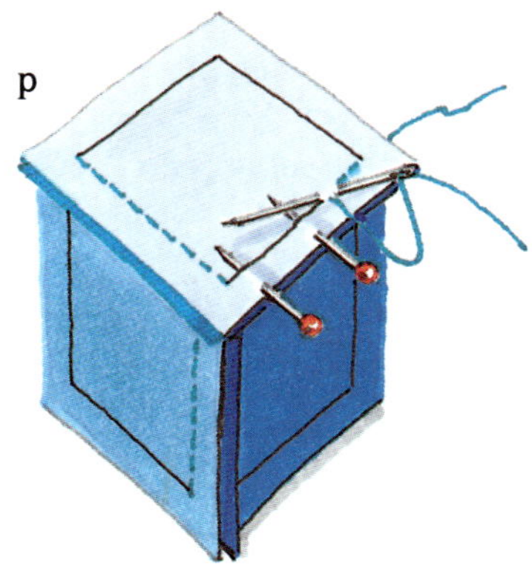

q

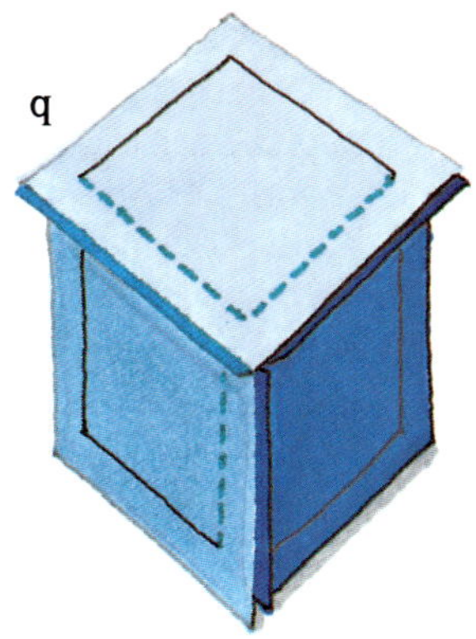

STREIFENBAHNEN ANFERTIGEN

Aus Stoffstreifen, die man an den Längsseiten aneinandernäht, entstehen Streifenbahnen, die Sie zu kunstvollen Patchworkelementen weiterverarbeiten können. Hierzu legt man entweder eine Sichtfensterschablone auf den Streifenstoff und schneidet die Form mit dem schönsten Muster heraus, oder man schneidet die Figuren direkt auf der Schneidematte zu.

■ Bereiten Sie gleichlange Stoffstreifen unterschiedlicher Breite vor. Streifen, die zu kurz sind, können Sie verlängern, indem Sie jeweils einen neuen Streifen schräg ansetzen **(Abb. r)**.

■ Legen Sie 2 Streifen rechts auf rechts, und steppen Sie sie mit füßchenbreiter Nahtzugabe zusammen. Die Streifen werden dabei straff gehalten oder zusammengesteckt, damit sie sich nicht verziehen.

■ Fügen Sie weitere Streifen an, bis die Stoffbahn die gewünschte Größe erreicht hat **(Abb. s)**.

■ Anschließend werden alle Nahtzugaben zu einer Seite hin gebügelt.

■ Diese Technik ist eine gute Übung für Ihr Farbempfinden: Je nach Bedarf können Sie zum Beispiel Streifenbahnen unterschiedlicher Helligkeitsstufen einer Farbe zu einem monochromen Farbverlauf zusammenfügen oder aus komplementären Farbschattierungen kontrastreiche Muster herstellen.

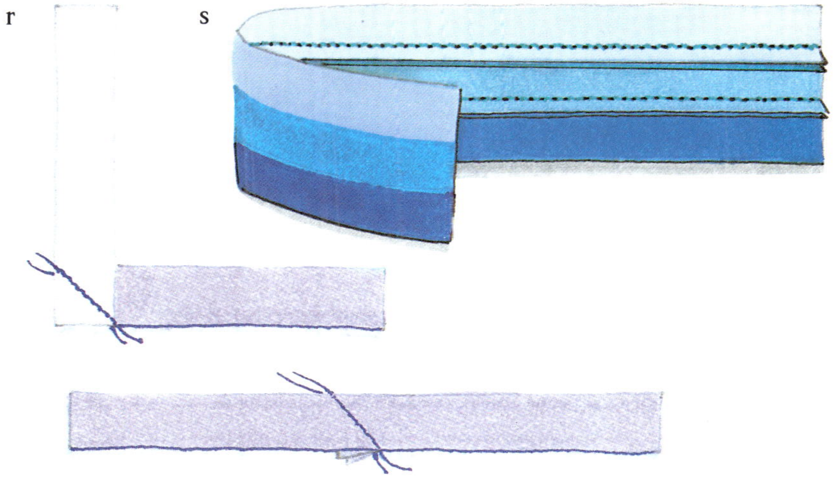

■ Nach der „Crazy-Streifentechnik" ist es auch möglich, eine Stoffbahn ausschließlich aus zusammengesetzten Streifen anzufertigen. Verwenden Sie hierfür Streifen verschiedenster Farbtöne und Oberflächen, die Sie in beliebigen Zusammenstellungen zu einem exklusiven Stück Streifenpatchwork arrangieren. Wer möchte, schneidet danach die gesamte Crazy-Stoffbahn quer durch und setzt sie so lange neu zusammen, bis ihm die Anordnung gefällt.

Zusammengefügte Streifenbahnen wurden unter anderem bei dem Quilt „Ein Patchworkhaus für Nina" von Seite 56 eingesetzt.

SCHNELLE TECHNIKEN

SCHNELLE DREIECKE

Charakteristisch für eine Vielzahl von Quilts sind quadratische Einheiten, die aus 2 gleichgroßen Dreiecken bestehen. Jedes Dreieck einzeln auszuschneiden und an ein zweites, meist andersfarbiges Dreieck zu nähen ist nicht nur mühsam, sondern auch äußerst zeitaufwendig. Nach der hier gezeigten Schnellmethode können Sie die gewünschte Anzahl an Einheiten in einem einzigen Arbeitsschritt anfertigen.

■ Legen Sie 2 Stoffe rechts auf rechts aufeinander, und stecken Sie sie mit Stecknadeln zusammen. Der hellere Stoff sollte nun oben liegen.

■ Bestimmen Sie nun die Größe Ihres Quadrates, und fügen Sie für die Nahtzugabe des Diagonalschnittes 2,5 cm hinzu.

■ Dieses Maß ist die Grundlage für das Rasternetz, das Sie mit Bleistift auf den oberen Stoff zeichnen **(Abb. a)**. Der Abstand des Rasters zu den Außenkanten sollte ca. 1,5 cm betragen.

■ Teilen Sie die Quadrate in einer Richtung mit diagonalen Linien, und nähen Sie in einem Abstand von ca. 7 mm, beidseitig entlang der Diagonalen **(Abb. b)**. Dabei – wie in der Zeichnung – die rechten Winkel überspringen, damit die Dreiecke später aufgeklappt werden können.

■ Dann werden beide Stofflagen an den waagerecht, senkrecht und diagonal laufenden Linien aufgeschnitten. Sie erhalten Quadrate, die aus 2 zusammengenähten Dreiecken bestehen. Bügeln Sie die Nahtzugabe auf eine Seite, und schneiden Sie die überstehenden Ecken ab **(Abb. c)**.

a

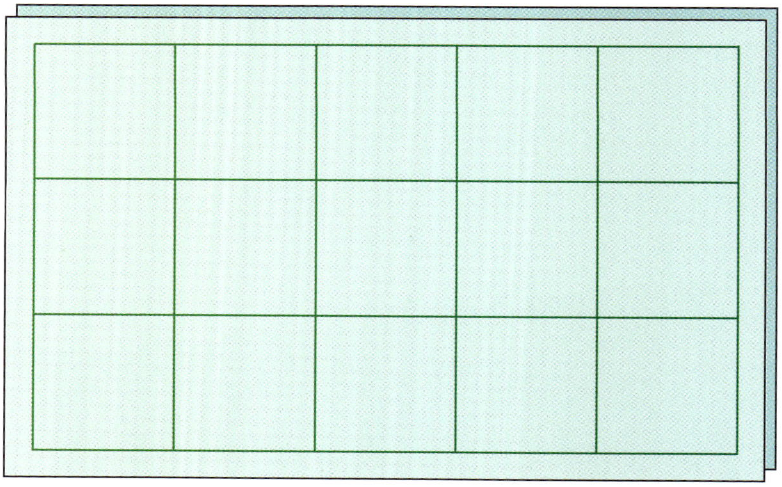

b

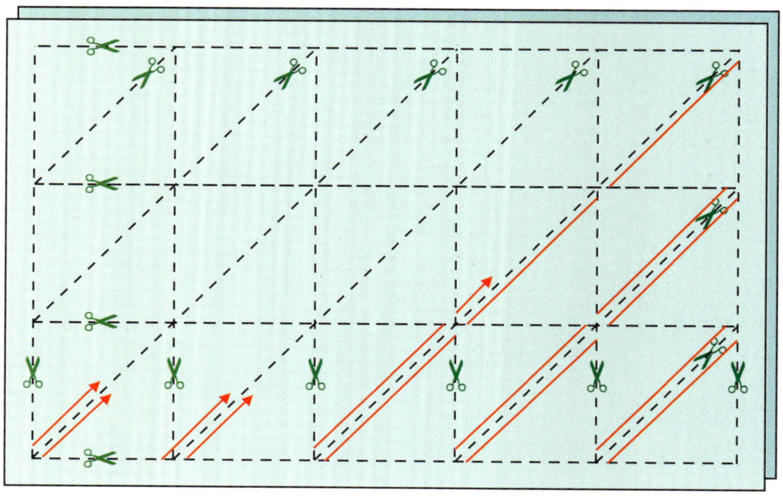

c

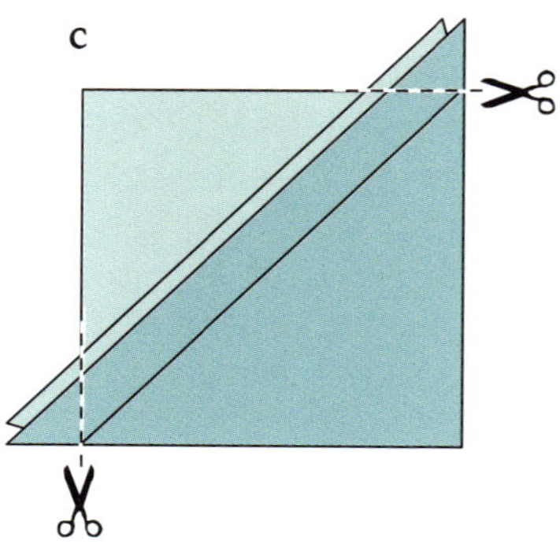

STRIP PIECING

Aus Streifen lassen sich auf schnelle und raffinierte Weise Patchworkflächen in unterschiedlichen Mustern anfertigen. Wer die Technik des „Strip Piecing" einmal begriffen hat, wird sehr bald eigene Motive entwerfen. Das Prinzip ist denkbar einfach: Man näht Stoffstreifen in verschiedenen Breiten zusammen, zerschneidet sie wieder und fügt sie zu neuen Streifenflächen zusammen. Damit nichts schiefgeht, sind lediglich ein paar Kleinigkeiten zu beachten. Rechnen Sie bei jedem Streifen als Nahtzugabe für beide Seiten 1,5 cm hinzu, und stellen Sie eine kleine Stichlänge auf Ihrer Nähmaschine ein, damit die Nähte beim Zerschneiden nicht aufgehen. Handgenähtes kann für die Streifenmethode nicht verwendet werden.

■ Für das „Schachbrettmuster" nähen Sie 2 gleichbreite Streifen unterschiedlicher Farbe aneinander und schneiden sie in einzelne Abschnitte. Dann werden die Abschnitte so gedreht, daß sich die Farben abwechseln, und erneut zusammengefügt **(Abb. d)**.

■ Wenn Sie diese Abschnitte verdreht und versetzt zusammennähen, entstehen Patchworkbänder **(Abb. e)**, in denen eine Farbe überwiegt. Die überstehenden Kanten schneidet man ab.

■ Ein ähnlicher Effekt entsteht, wenn Sie Streifen unterschiedlicher Breite aneinanderfügen. Schneiden Sie

d

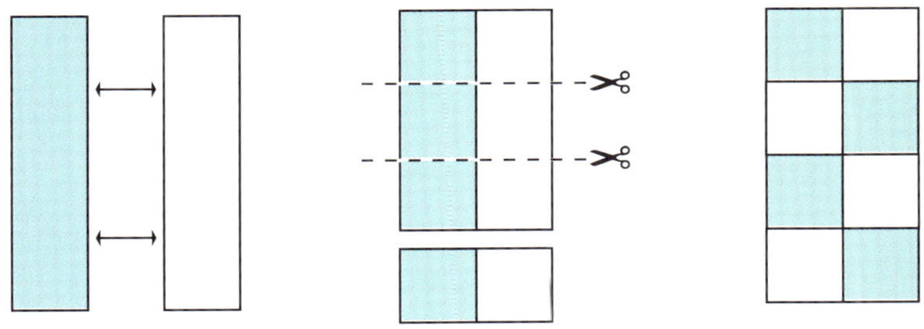

e

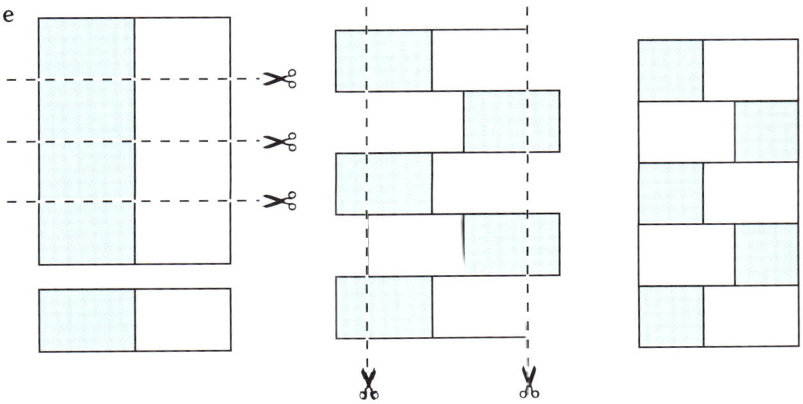

f

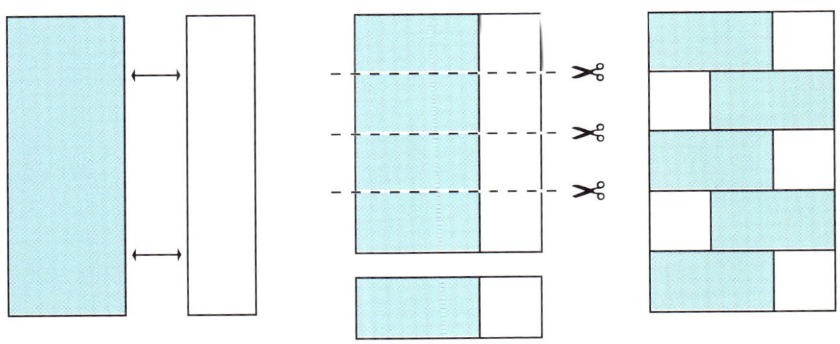

g

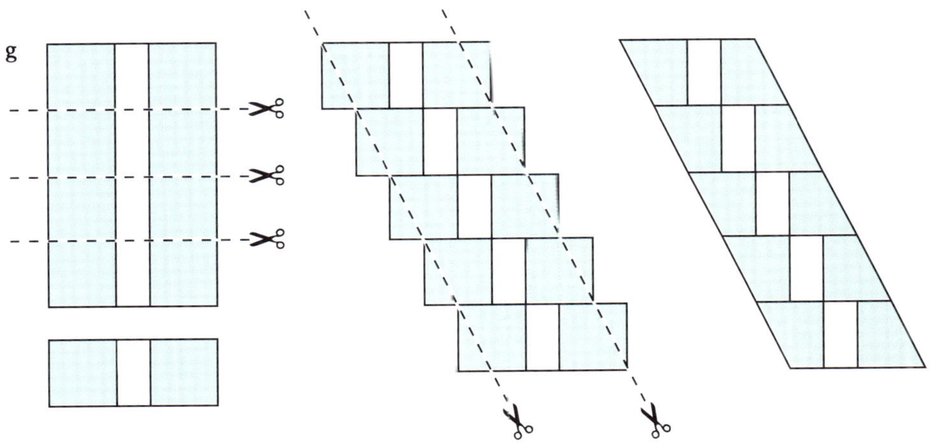

h

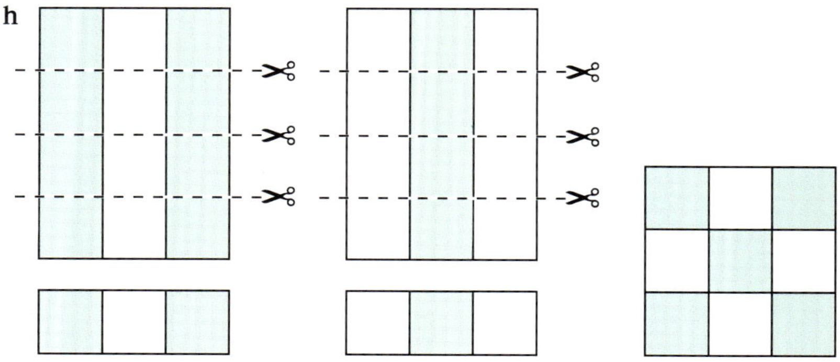

i

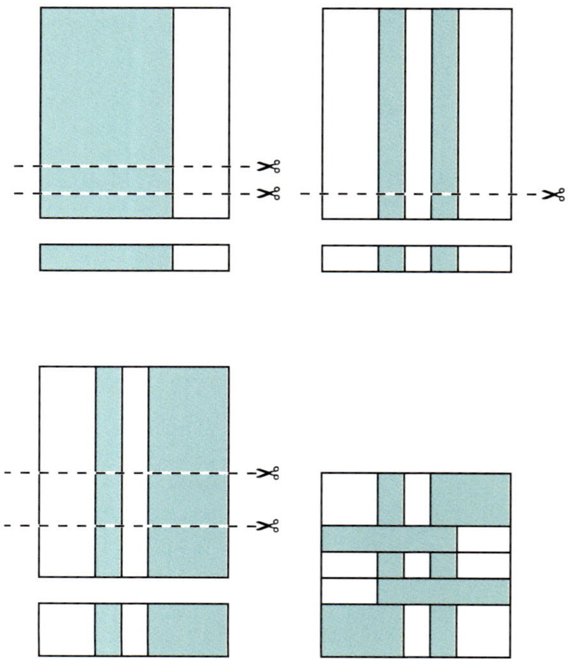

j

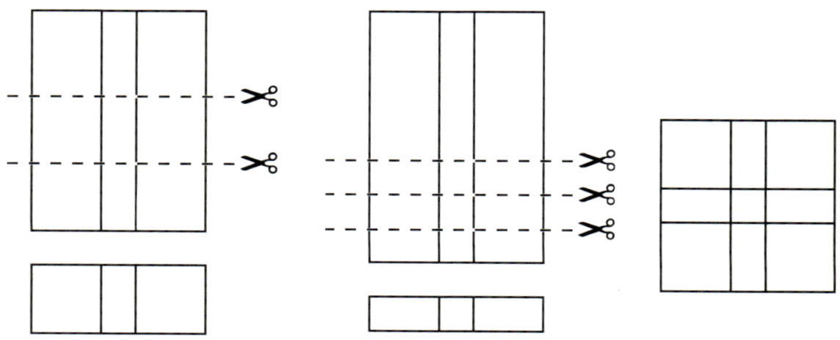

k

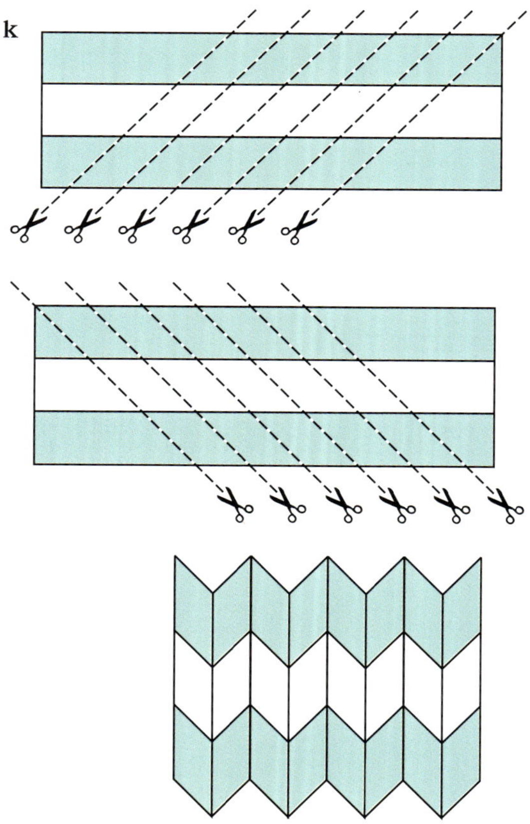

die Stoffbänder in gleichbreite Abschnitte, und nähen Sie sie abwechselnd gedreht wieder zusammen **(Abb. f)**.

■ Bänder aus 3 Streifen unterschiedlicher Breite wirken besonders kompliziert. Fassen Sie beispielsweise einen schmalen Streifen mit 2 breiten Streifen ein. Dann schneiden Sie das Patchworkband in gleiche Abschnitte und nähen diese versetzt wieder zusammen **(Abb. g)**. Die überstehenden Kanten werden abgeschnitten.

■ Auch Blockmuster lassen sich in der Strip-Piecing-Technik herstellen. Für einen Block aus 9 Quadraten benötigen Sie 2 Streifenbänder aus jeweils 3 gleichbreiten Stoffstreifen. Die Streifen in Abschnitte schneiden und 3 Abschnitte wie abgebildet zu einem Block zusammensetzen **(Abb. h)**.

■ Gewußt wie, sind auch komplexe Blöcke schnell zu nähen. Fertigen Sie 3 Patchworkbänder, bestehend aus 2, 4 und 5 Streifen an. Schneiden Sie von dem 2er und dem 4er Streifen jeweils 2 Abschnitte und von dem 5er Streifen einen Abschnitt. Nähen Sie die 5 Teile wie abgebildet zusammen **(Abb. i)**.

■ Aus 2 Streifenbändern mit jeweils 3 Streifen unterschiedlicher Breite entsteht ein Block mit einem Kreuzmotiv in der Mitte. Hierzu aus dem ersten Streifenband 2 breite Abschnitte und aus dem zweiten Streifenband einen schmalen Abschnitt schneiden. Die Teile so zusammenfügen, daß der schmale Abschnitt in der Mitte liegt **(Abb. j)**.

■ Dekorative Zickzackmuster ergeben sich, wenn Sie die Abschnitte nicht gerade, sonl

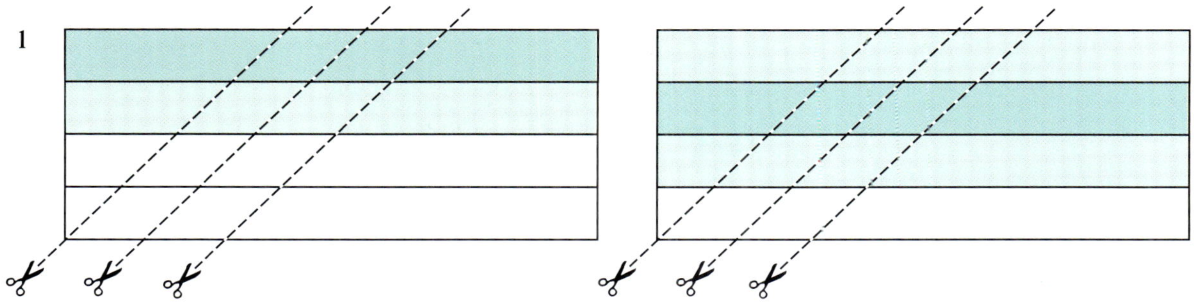

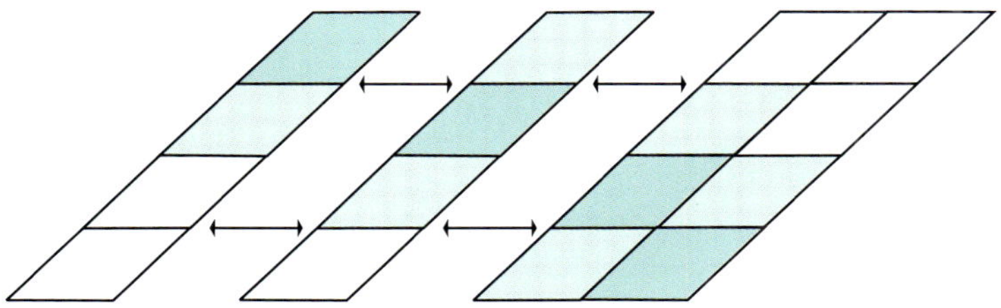

dern schräg abschneiden. Fertigen Sie ein Patchworkband aus 3 Streifen an, und legen Sie ein Lineal mit 45°-Winkeleinteilung schräg auf den Stoff. Schneiden Sie nun eine Hälfte des Bandes in gleichbreite Abschnitte. Die andere Hälfte schneiden Sie in spiegelbildliche Abschnitte, indem Sie das Lineal umdrehen. Für ein Zickzackmuster nähen Sie Abschnitte beider Richtungen abwechselnd aneinander **(Abb. k)**.

■ Schräg zugeschnittene Abschnitte können Sie so zusammensetzen, daß sie Rauten bilden. Nähen Sie hierfür 2 verschiedene Patchworkbahnen aus jeweils 4 Streifen. Aus jeder Bahn schneiden Sie schräg 2 gleichbreite Abschnitte und nähen sie, wie auf der Abbildung gezeigt, zusammen **(Abb. l)**.

■ Eine weitere Variante des kreativen „Strip Piecing" sind Quadrate, die aus Streifendreiecken zusammengesetzt werden. Sie benötigen ein langes Patchworkband aus 3 Streifen, das sich in mindestens 4 Dreiecke unterteilen läßt. Je nachdem, wie Sie die Dreiecke schneiden und zusammensetzen, entstehen Quadrate mit ruhigen Mustern **(Abb. m)**, oder es bilden sich Quadrate mit ineinander verschlungenen Formen **(Abb. n)**.

m

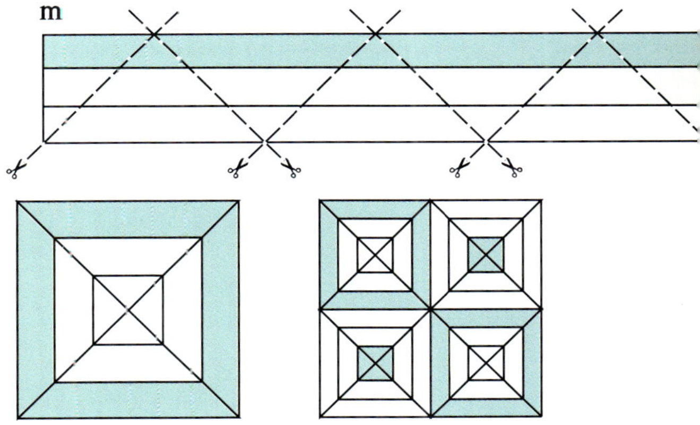

n

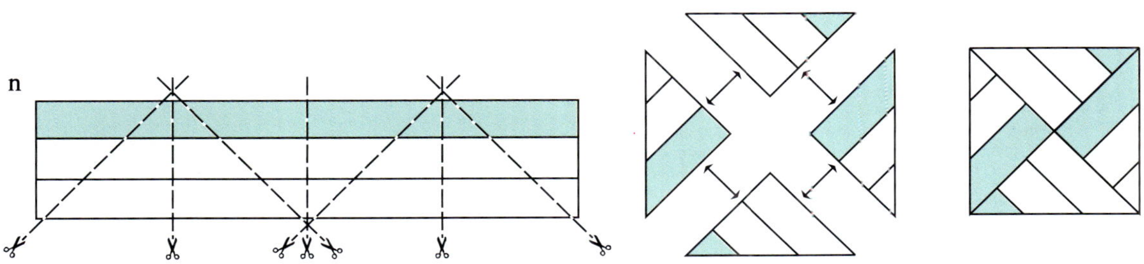

QUILTEN UND FERTIGSTELLUNG

a

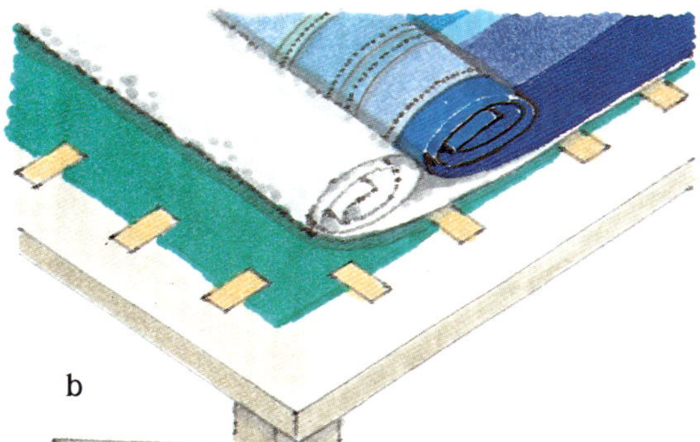

b

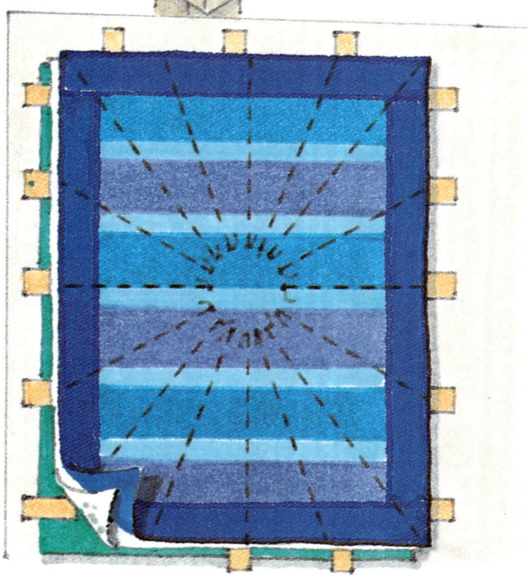

DER RAND

Ein in Farbe und Größe mit dem Patchworkmuster harmonierender Randstreifen kann dem Werk den letzten Schliff verleihen. Je nach Umfang beeinflußt er auch die Maße der Decke. Damit Rand und Patchworkarbeit eine Einheit bilden, probieren Sie am besten vorher aus, welche Stoffe zur Oberseite passen.

■ Wenn Sie sich für einen Stoff entschieden haben, schneiden Sie zuerst die beiden Randstreifen für die senkrechten Außenkanten zu. Durch die vielen Nähte sind die Kanten des Patchworkteils meist unterschiedlich lang. Um ein einheitliches Maß zu erhalten, messen Sie Ihre Decke einmal senkrecht durch die Mitte sowie jeweils einmal entlang der beiden senkrechten Außenkanten. Aus dem Durchschnittsmaß ergibt sich die richtige Länge für die Randstreifen. Geben Sie zu der von Ihnen festgelegten Streifenbreite 1,5 cm Nahtzugabe hinzu.

■ Legen Sie die Randstreifen nacheinander rechts auf rechts an die Kanten der Patchworkarbeit, und stekken Sie sie fest. Eventuell müssen Sie den Stoff an einigen Stellen etwas einhalten. Nähen Sie danach die Streifen mit der Maschine an.

■ Klappen Sie die Streifen zur Seite, und bügeln Sie die Nähte aus.

■ Für die waagerechten Außenkanten schneiden Sie 2 Streifen in der Breite des Patchworkteils plus der Breite der seitlichen Randstreifen inklusive Nahtzugaben zu **(Abb. a)**. Stecken Sie die Randstreifen an die oberen und unteren Kanten des Quilts, und nähen Sie sie an.

DAS MONTIEREN

■ Schneiden Sie den Stoff für die Rückseite und das Vlies passend zu. Um die erforderliche Größe zu erhalten, ist es meist nötig, Stoffteile anzusetzen.

■ Befestigen Sie den Rückseitenstoff mit Klebestreifen auf einer großen Fläche wie einem Tisch oder dem Boden. Der Stoff muß überall glatt aufliegen, ohne sich zu dehnen, die rechte Seite nach unten.

■ Legen Sie dann das Vlies und die fertige Oberseite auf den Rückseitenstoff, und stecken Sie die 3 Lagen zusammen. Anschließend werden die Stoffe von der Mitte aus mit langen Vorstichen geheftet, damit sie sich beim Quilten nicht gegeneinander verschieben **(Abb. b)**.

DAS QUILTEN

Ursprünglich diente das Quilten dazu, das Gewebe und die Nähte zu festigen. Auch heute besteht seine Funktion unter anderem darin, die 3 Stofflagen zusammenzuhalten, allerdings liegt bei den modernen Decken die Betonung mehr auf der dekorativen Oberflächengestaltung. Quiltlinien können Strukturen verändern und einzelne Motive oder besondere Formen hervorheben. Flächenfüllende Gittermuster **(Abb. c)** und freie Linien **(Abb. d)** werden mit Zauber- oder Kreidestiften aufgezeichnet. Spezielle Quiltmotive überträgt man mit Schablonen aus Kunststoff oder Karton **(Abb. e)**.

HANDQUILTEN

- Spannen Sie die Arbeit zuerst in einen Quiltrahmen **(Abb. f)**. Dadurch verhindern Sie, daß sich die Stofflagen verziehen.
- Gequiltet wird mit kleinen Vorstichen. An der Größe der Stiche wird häufig der Wert der Arbeit gemessen. Es gilt: je kleiner die Stiche, desto schöner ist die Decke.

Lassen Sie sich jedoch davon nicht beirren und versuchen Sie, Ihre persönliche Stichlänge herauszufinden. Wichtig ist, daß Sie mit gleichmäßigen Stichen arbeiten und einen Rhythmus entwickeln, bei dem Sie entspannt nähen können.

Für das Handquilten können Sie 2 verschiedene Methoden anwenden:

e

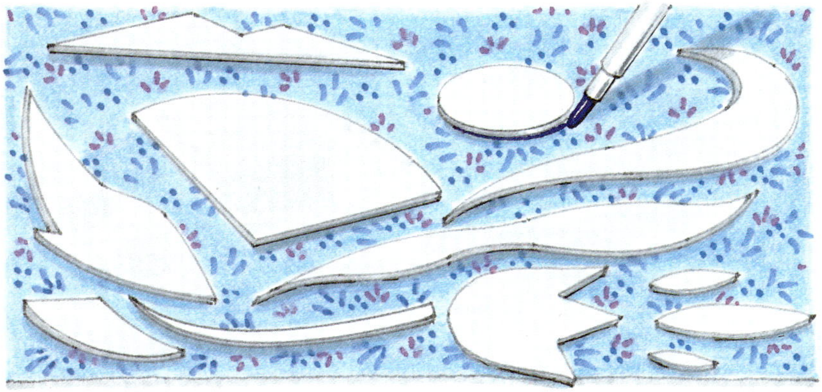

c

d

f

g

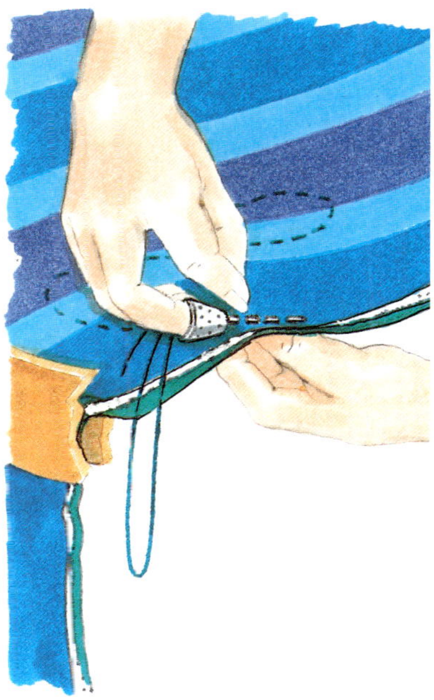

h

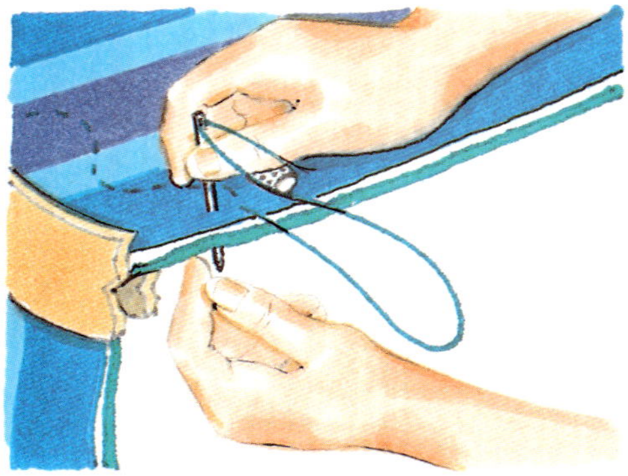

i

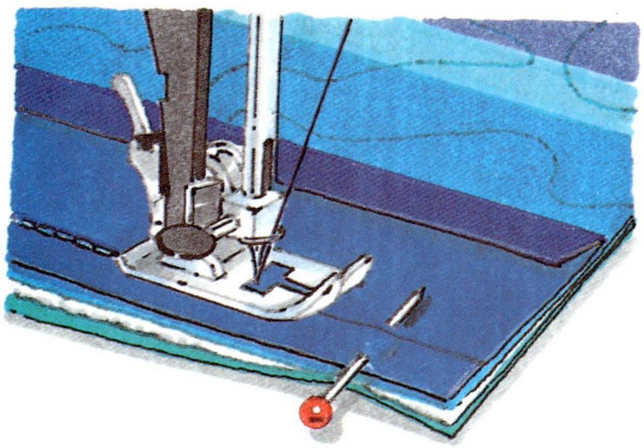

j

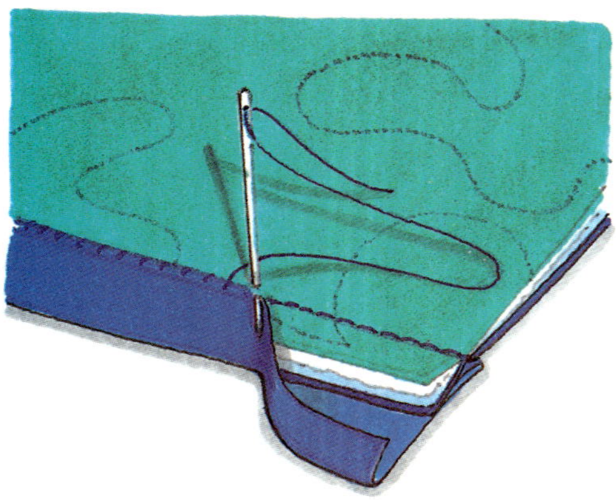

k

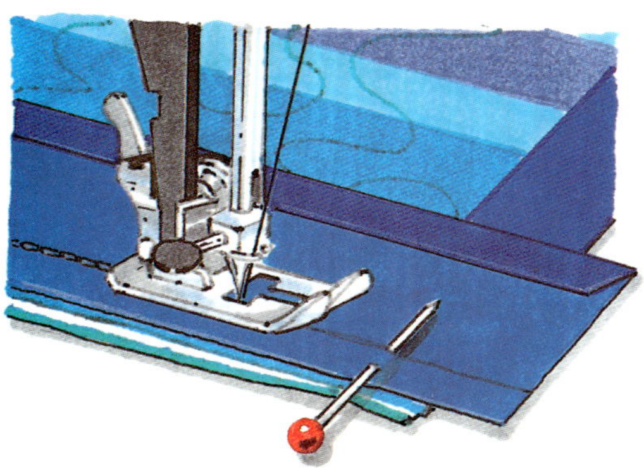

■ **Methode 1:** Schieben Sie die Nadel mit dem Mittelfinger Ihrer Nähhand durch alle 3 Lagen hindurch gegen den Zeigefinger der anderen Hand. Nehmen Sie mehrere Stiche auf einmal auf, und ziehen Sie den Faden wieder nach oben **(Abb. g)**. Die Hand unter der Arbeit prüft, ob die Nadel auch die Wattierung und die Rückseite des Quilts mit erfaßt.

■ **Methode 2:** Pro Stich wird die Nadel mit einer Hand nach unten geführt und mit der anderen wieder nach oben gesteckt. Den Faden zieht man hierbei jedesmal ganz durch **(Abb. h)**. Fadenanfang und Fadenende werden bei beiden Arbeitstechniken sorgfältig vernäht.

■ Probieren Sie aus, welche Methode Ihnen am meisten liegt. Tragen Sie unbedingt je einen Fingerhut am Mittelfinger der linken und der rechten Hand.

Maschinenquilten

Moderne Nähmaschinen mit speziellem Quilt- oder Stickfuß ermöglichen es ebenfalls, Patchworkdecken zu quilten. Vom Aussehen her unterscheiden sich maschinengenähte Quiltlinien von handgenähten durch ihren festen und kantigen Charakter. Um mit der Nähmaschine gleichwertige Ergebnisse erzielen zu können, benötigen Sie ein wenig Übung.

Einfassung und Aufhänge-tunnel

■ Nach dem Quilten entfernt man die Heftfäden sowie die Markierungslinien und schneidet die Außenkanten der Decke gegebenenfalls gerade zurück.

■ Zuerst werden die senkrechten Seiten des Quilts eingefaßt. Dafür schneidet man zwei 5 cm breite Streifen in der Länge der Außenkanten zu. Bügeln Sie jeden Streifen an einer Längskante 1 cm breit nach links um, und stecken Sie ihn mit der offenen Seite kantenbündig rechts auf rechts auf der Oberseite des Quilts fest. Danach werden beide Streifen füßchenbreit durch alle Lagen hindurch gesteppt **(Abb. i)**.

■ Klappen Sie die Streifen auf die Rückseite, und stekken Sie sie nacheinander mit den umgebügelten Kanten auf die Stepplinie. Die Streifen von Hand ansäumen **(Abb. j)**.

■ Bereiten Sie dann 2 weitere 5 cm breite Streifen in der Länge der waagerechten Quiltkanten plus der Breite der seitlichen Einfassung plus 4 cm Nahtzugabe vor, und stecken Sie sie so mit der rechten Seite kantenbündig auf die Vorderseite des Quilts, daß sie beidseitig jeweils 2 cm überstehen. Die Streifen werden dann ebenfalls füßchenbreit festgesteppt **(Abb. k)**.

■ Nun wird der Aufhängetunnel angesetzt: Schneiden Sie einen 20 cm breiten

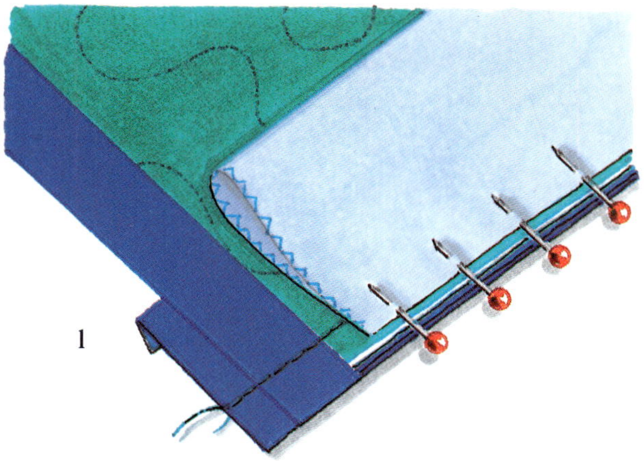

l

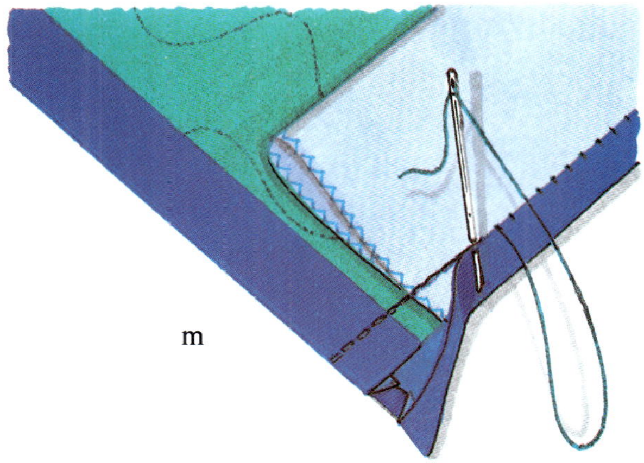

m

Stoffstreifen zu, der 4 cm kürzer als die waagerechten Quiltkanten ist. Versäubern Sie die Schmalkanten beidseitig, und bügeln Sie den Stoffstreifen längs auf die Hälfte um. Den Quilt wenden und den Tunnel mit den offenen Schnittkanten nach außen auf die vorhandene Stepplinie der Quiltrückseite stecken **(Abb. l)**. Wenden Sie die Decke und nähen Sie dann den Tunnel entlang der Steppnaht durch alle 6 Lagen hindurch vorsichtig fest.

■ Wenden Sie den Quilt, entfernen Sie die Stecknadeln, und bügeln Sie die Nähte aus. Klappen Sie den Streifen für die Einfassung auf die Rückseite um, und heften Sie ihn auf die Steppnaht des Aufhängetunnels. Die überstehenden Enden des Seitenstreifens werden hierbei gleichzeitig nach innen geklappt. Anschließend den Streifen von Hand ansäumen **(Abb. m)**.

■ Schlagen Sie den unteren Streifen der Einfassung ebenfalls um, und säumen Sie ihn von Hand fest.

■ Schieben Sie den Aufhängetunnel 1 cm vom Bug nach oben, und säumen Sie ihn auf der Rückseite von Hand an **(Abb. n)**.

SIGNATUR UND LABEL

■ Versehen Sie die Vorderseite Ihres Quilts grundsätzlich mit Namen und Jahreszahl. Sticken Sie die Signatur im Stielstich auf den Rand oder in eine Ecke der Patchworkarbeit.

■ Wenn Sie Ihren Quilt auf Ausstellungen präsentieren möchten, ist es sinnvoll, zusätzlich auf der Rückseite der Decke ein Label anzubringen. Verwenden Sie hierfür einen hellen Stoffrest, auf den Sie mit Schreibmaschine den Titel der Arbeit, Ihren Namen und Ihre Adresse sowie die Größe, das Material und die Nähtechnik der Decke angeben. Schlagen Sie die Kanten rundum ein, und nähen Sie das Schildchen in eine Ecke auf der Quiltrückseite **(Abb. o)**.

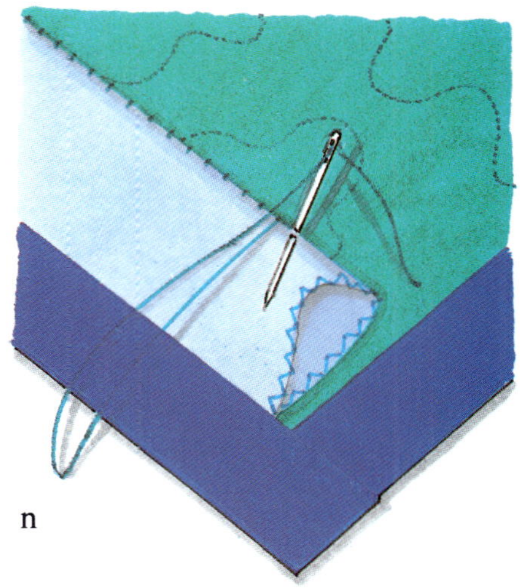

n

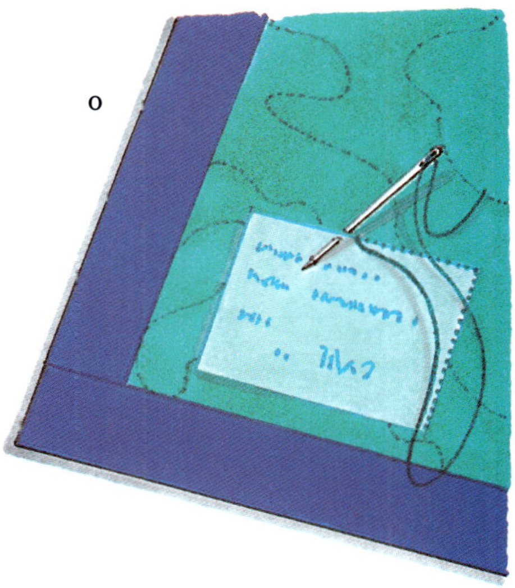

o

Blockmuster

Das Geheimnis der Patchworkarbeiten liegt vor allem im Erkennen der Grundeinheiten, aus denen die Muster sich zusammensetzen. Die meisten Formen passen in ein quadratisches Raster, das wiederum in eine gleiche Anzahl von Quadraten unterteilt ist. Ursprünglich nahm man zum Entwickeln der Motive ein Stück Papier, faltete es in gleiche Teile und erhielt damit die Grundlage für die klassischen Hauptgruppen „Vier-Patch" oder „Neun-Patch". Das sind Musterfamilien, die ihrem Namen entsprechend aus vier- beziehungsweise neunteiligen Quadraten entwickelt werden. Die Quadrate faltete und zerschnitt man abermals, bis Motive entstanden, die heute als die traditionellen amerikanischen Blockmuster bekannt sind wie beispielsweise „Hour Glass", „Endless chain" und „Jacob's Ladder". Sie bilden den Ausgangspunkt für viele neue Motive.
Der besondere Reiz von Blockmustern liegt vor allen Dingen in der Wiederholung einzelner Elemente. Wenn man die Blöcke ohne Zwischenräume nebeneinander anordnet, können allein durch eine gezielte Farbauswahl völlig neue Bilder entstehen.
Auf den folgenden Seiten finden Sie originell und farbenfreudig gestaltete Blockmusterquilts, die zeigen, daß die Variationsmöglichkeiten noch lange nicht ausgeschöpft sind, und die dazu anregen, eigene Entwürfe anzufertigen.

BLOCKHAUSMUSTER - KLASSISCH-MODERN

Das Blockhausmuster gehört zu den ältesten Patchworkgrundformen. Stoffstreifen gleicher Breite werden hierbei in mehreren Reihen um ein in der Mitte liegendes Quadrat angeordnet. Durch unterschiedliche Zusammenstellungen der Blöcke werden immer wieder neue Effekte erzielt.
Dieser Quilt wirkt durch seine harmonische Farbkomposition, die an das bunte Treiben eines mittelalterlichen Gänsemarktes erinnert. Er wurde aus der Blockhausvariante „Courthouse Steps" (Stufen zum Gericht) angefertigt.

Die Farbenvielfalt dieses Quilts erreichen Sie nur, wenn Sie die Stoffe selber färben. Nach dem Trocknen und Zuschneiden der Stoffstreifen geht das Zusammennähen der einzelnen Blöcke relativ einfach. Aufpassen müssen Sie allerdings beim Aneinanderfügen der Grundformen: Damit die richtigen Farbtöne auch wirklich aufeinandertreffen, ist es unter Umständen sinnvoll, vorher einen farbigen Entwurf der Decke anzulegen.

RENATE STRUSS: GÄNSEMARKT. 1993.

DAS BRAUCHEN SIE

- *Für die Oberseite 760 cm weißen Baumwollstoff, 90 cm breit oder 3 weiße Bettücher; dunkelblaues Schrägband für den Rand, 1 cm breit, ca. 650 cm lang.*
- *240 x 150 cm Vlies zum Wattieren; 260 x 150 cm Baumwollstoff für die Rückseite.*
- *Hilfsmittel: Textilkaltfarben in Rot, Blau und Gelb, Kochsalz, Gefäße für die Färbebäder, Papierraster (1 x 1 cm Einteilung), Rollschneidemesser, Schneidematte, Schneidelineal, Nähmaschine, Nähgarn, Quiltgarn und die üblichen Nähutensilien*
- *Größe: ca. 137 x 179 cm*

a

b

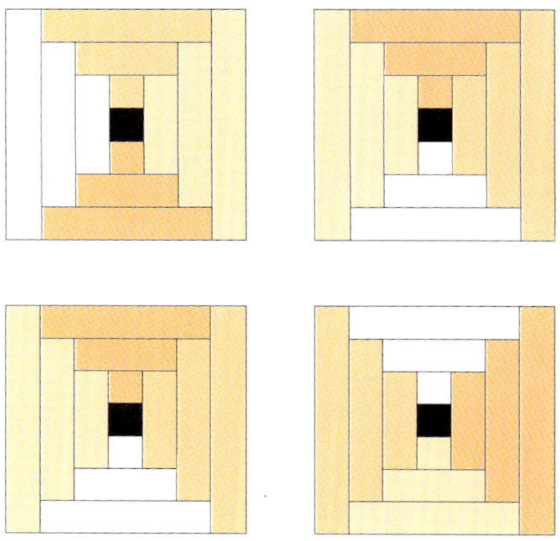

c

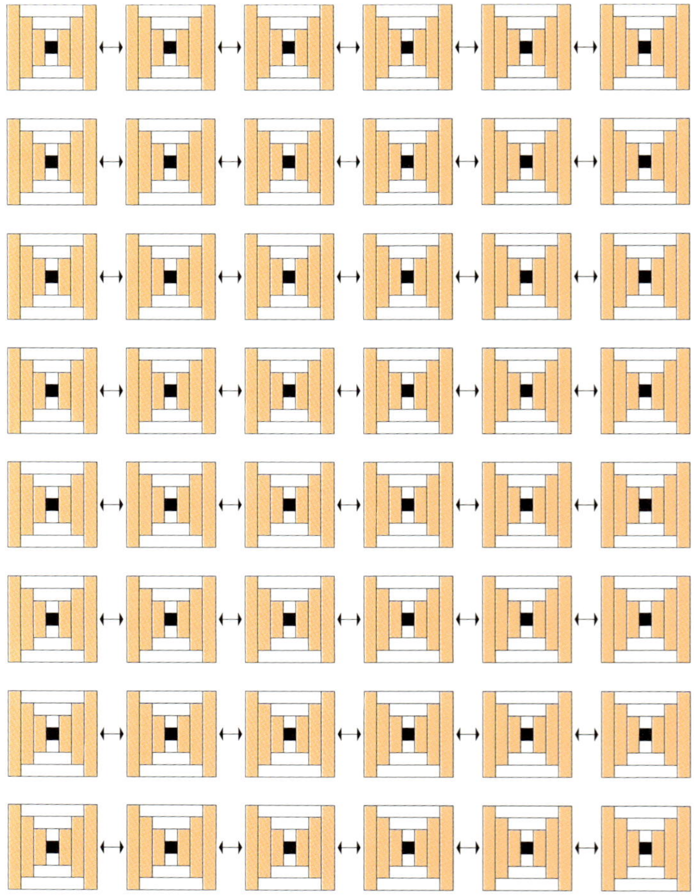

Stoff färben

■ Ein rotes, ein gelbes und ein blaues Farbbad gemäß der Anleitung anrühren.

■ Den vorgewaschenen weißen Baumwollstoff in 4 Streifen à 10 x 90 cm und 18 Streifen à 40 x 90 cm schneiden.

■ Einen der 10 cm breiten Stoffstreifen rot und einen zweiten Streifen gelb färben.

■ Dann die Farbbäder vorsichtig miteinander vermischen, so daß nach und nach 18 Nuancen entstehen. Eßlöffelweise die Flüssigkeit eines Farbbades einem der anderen beiden Farbbäder zusetzen.

■ Die 40 cm breiten Stoffstreifen einzeln in die Farbbäder geben. Je gepreßter der Stoff im Farbbad liegt, um so interessanter wird später die Färbung wirken.

■ Den dritten 10 cm breiten Stoffstreifen orange färben und den vierten Streifen in eine grüne Farbmischung tauchen.

■ Die Stoffe nach dem Färbevorgang von Hand auswaschen, bis das Wasser klar bleibt. Zum Schluß kann man die Stoffe auch – nach hellen und dunklen Farben sortiert – in die Waschmaschine geben. Wichtig: ein mildes Waschmittel benutzen.

Teile zuschneiden

■ Aus jedem der vier 10 cm breiten Baumwollstreifen 13 Quadrate à 5 x 5 cm schneiden. Sie erhalten also insgesamt 52 Quadrate in Gelb, Orange, Rot und Grün.

■ Die 40 cm breiten Stoffstreifen in 5 cm breite Streifen schneiden. Die Nahtzugabe an beiden Seiten beträgt 1 cm, so daß die fertig vernähten Streifen 3 cm breit sind. Tip: Für eine ausgewogene Farbgebung des Quilts ist es sinnvoll, aus einem der blauen Streifen zusätzlich einige 5 x 5 cm große Quadrate herauszuschneiden, die

Sie später beim Zusammenstellen der Blöcke verwenden können.

■ Aus dem Papierraster 48 Quadrate mit einer Seitenlänge von 23 cm zuschneiden.

■ Für den Rand Streifen in verschiedenen Gelb- und Brauntönen mit einer Gesamtlänge von ca. 650 cm zurücklegen.

d

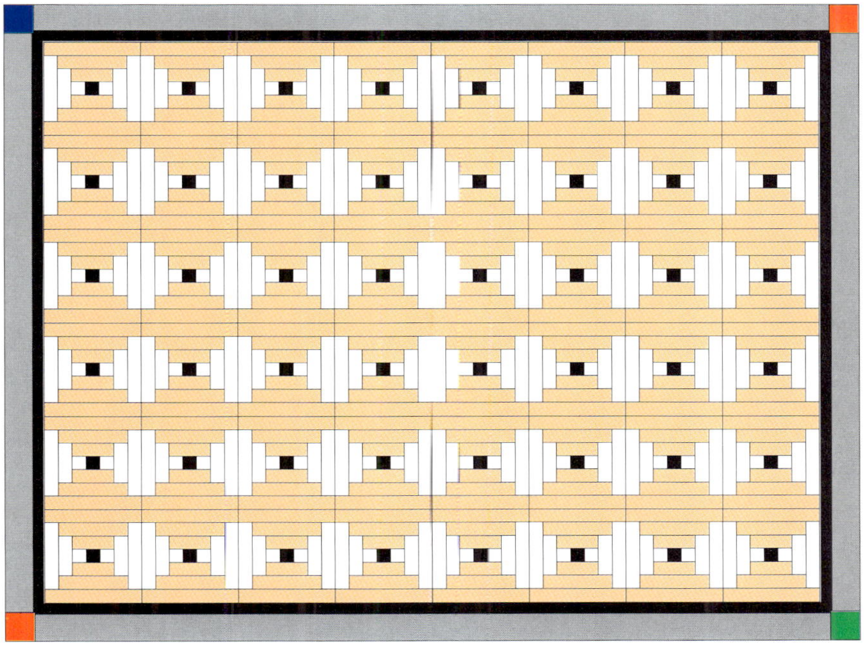

Blöcke nähen und zusammenfügen

■ Die Stoffstreifen und -quadrate werden mit der Nähmaschine auf die Papierrasterstücke genäht. Dabei den Abstandhalter verwenden.

■ In die Mitte eines der quadratischen Papierraster ein Stoffquadrat legen. Den ersten Streifen rechts auf rechts darauflegen und annähen. Den Streifen aufklappen und die über das Stoffquadrat hinausragenden Enden kürzen. 11 weitere Streifen nach und nach anfügen **(Abb. a)**.

■ Dabei jede Seite eines Blocks in einer anderen Farbe gestalten. Den jeweils benachbarten Block farblich anpassen und darauf achten, daß die Farben gleichmäßig über die Patchworkarbeit verteilt werden **(Abb. b)**.

■ 48 Blöcke fertigstellen und die Nahtzugaben zu einer Seite bügeln. Jeweils 6 Blökke zu einer Reihe zusammennähen. Sie erhalten 8 Reihen. Anschließend die Reihen zusammenfügen **(Abb. c)**.

Ränder ansetzen

■ Blauer Rand: Die Arbeit mit dem dunkelblauen Schrägband einfassen.

■ Farbiger Rand: Die zurückgelegten gelben und braunen Streifen zu 4 Bändern in der Länge der Seitenkanten der Decke zusammennähen.

■ Die Bänder entlang der Kanten annähen und in die Ecken 4 Quadrate einsetzen **(Abb. d)**.

■ Danach die Papierraster entfernen.

Quilten und Fertigstellung

■ Den Stoff für die Rückseite, das Vlies und die Oberseite übereinanderlegen und alle 3 Lagen von der Mitte aus sternförmig heften (siehe Seite 26).

■ Anschließend die Blöcke sowie den farbigen Randstreifen quilten. Dazu das Muster für die Blöcke auf die Oberseite übertragen und die 3 Lagen zusammensteppen **(Abb. e)**. Der Rand erhält ein Karomuster.

■ Die fertige Decke mit einem blauen Streifen einfassen und eventuell mit einem Aufhängetunnel versehen (siehe Seite 28).

e

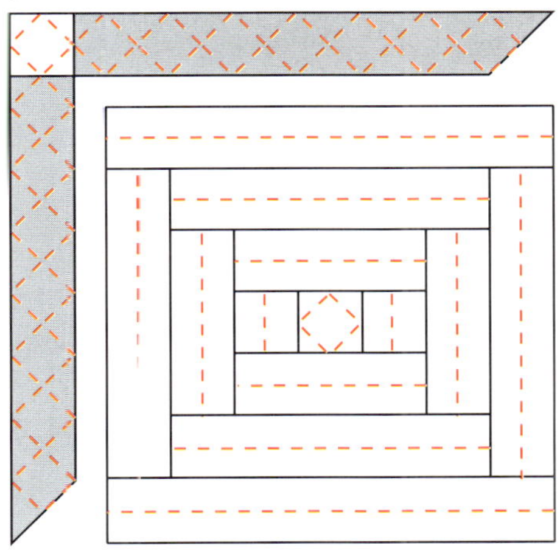

HARMONIE DER FARBEN

Blockmuster mit den typischen Formwiederholungen müssen nicht langweilig wirken, wenn man die Farben geschickt auswählt. Der hier gezeigte Quilt ist dafür ein gutes Beispiel.

Wer sich viel mit Farben beschäftigt, erfährt, daß sie in ihrer Wirkung bestimmten Ordnungen unterliegen. Diese gesetzmäßigen Zusammenhänge wurden von mehreren Wissenschaftlern und Malern erforscht und niedergeschrieben. Johannes Itten (1888 - 1967) war einer der bekanntesten Bauhauslehrer, dessen Farbtheorie noch heute angewendet wird. Eine der Farbwirkungen, die er beschrieb, beruht auf dem Quantitätskontrast, der etwas über das Flächenverhältnis und das Gleichgewicht der Farben im Zusammenspiel aussagt (siehe dazu Seite 16). Es läßt sich sogar in Zahlen ausdrücken.
Mit diesem Ansatz, ein ausgewogenes Verhältnis aller beteiligten Farben zu erzeugen, entwarf ich diesen Quilt.

IRENE KAHMANN:
FARBREISE.
1986.

DAS BRAUCHEN SIE

- *Für die Oberseite einfarbige Baumwollstoffe in Grau, Schwarz, Weiß sowie die 6 Hauptfarben Gelb, Grün, Blau, Violett, Rot, Orange in jeweils 7 Hell-Dunkel-Abstufungen (insgesamt also 45 Töne). Bei einer Stoffbreite von 90 cm kommen Sie mit folgenden Maßen aus: Schwarz 300 cm; die 3 dunkelsten Abstufungen jeder Hauptfarbe je 20 cm; die 4 hellsten Abstufungen jeder Hauptfarbe und Weiß je 10 cm; Grau für den Rand 160 cm.*
- *270 cm Vlies zum Wattieren, 1 cm dick; 270 cm Baumwollstoff für die Rückseite.*
- *Hilfsmittel: Millimeterpapier, Bleistift, Lineal, Schablonenmaterial, Klebstoff, Rollschneidemesser und Schneidematte (oder Schere), Nähmaschine, Nähgarn, schwarzes Quiltgarn und die üblichen Nähutensilien*
- *Größe: ca. 150 x 180 cm*

SCHABLONEN HERSTELLEN

- Die Maße für die 7 Schablonen der Zeichnung entnehmen und auf Millimeterpapier übertragen (1 Quadrat und 6 gleichschenklige Dreiecke). Achtung: Die Dreiecke liegen in der Zeichnung aus Platzgründen übereinander **(Abb. a)**.
- Die 7 Formen genau ausschneiden, auf Karton kleben, wiederum exakt ausschneiden und durchnumerieren.

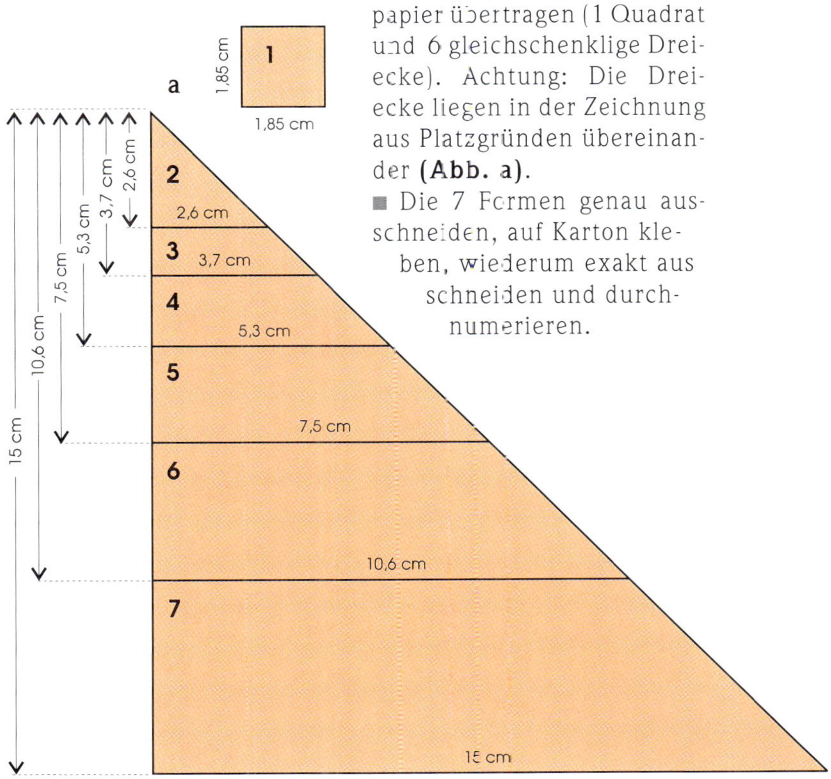

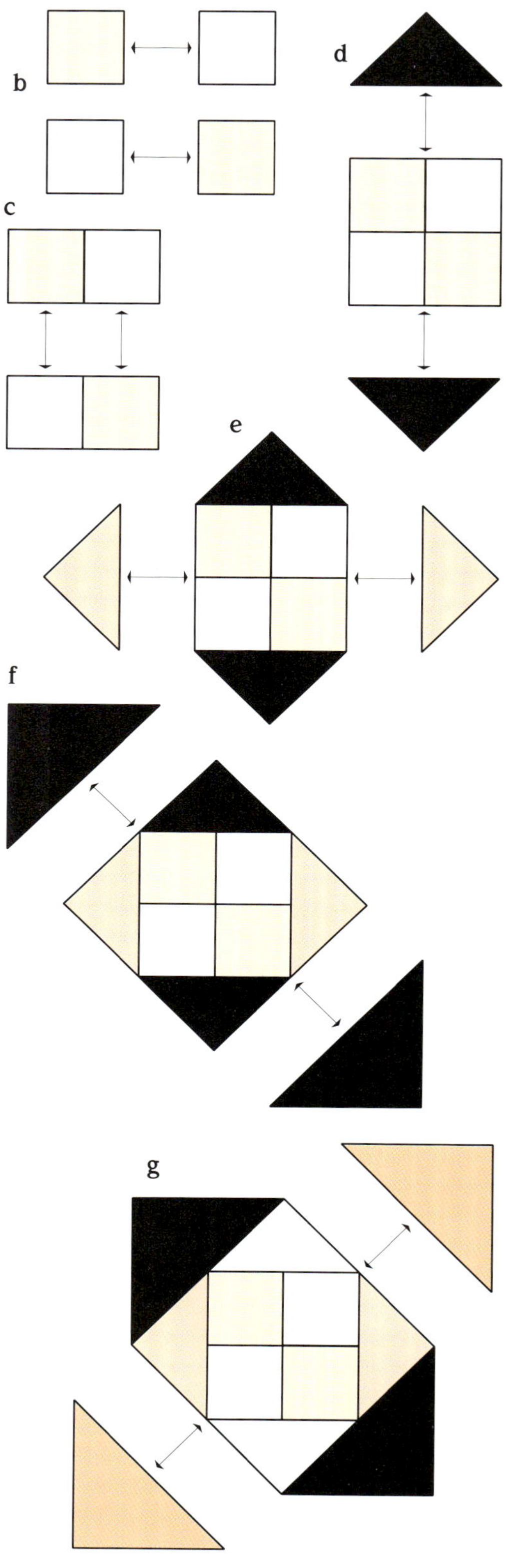

Teile zuschneiden

■ Das Grundprinzip: Die gesamte Patchworkfläche besteht aus 20 Blöcken (jeweils Schwarz und einer Hauptfarbe in 7 Abstufungen, ergänzt durch Weiß). Je heller die Abstufung, desto kleiner die auszuschneidenden Formen.

■ Die Anzahl der Blöcke nach Hauptfarben gegliedert (von rechts oben nach links unten): Gelb (2¼), Grün (3), Blau (4), Violett (4), Rot (3), Orange (2½).

■ Die Schablonen auf die linke Stoffseite auflegen und mit dem Bleistift umfahren. Dann die Teile mit einer zusätzlichen Nahtzugabe von 7 mm rundherum ausschneiden und blockweise sortieren: Für jeden Block jeweils 2 Dreiecke in 6 Helligkeitsnuancen der Hauptfarbe zuschneiden, jedoch die hellste Farbe jedesmal als 2 Quadrate (Schablone 1-7).

■ Weiß: 38 Quadrate (Schablone 1) zuschneiden.

■ Schwarz: In 6 verschiedenen Dreiecksformen anhand der Schablonen 2-7 jeweils 39mal ausschneiden (insgesamt 234), außerdem ein Quadrat (30 x 30 cm) für die rechte obere Ecke.

■ Für den Rand 2 graue Streifen in 16 x 152 cm und 2 weitere in 16 x 154 cm zuschneiden.

■ Für die Einfassung: 5 cm schwarze Streifen zuschneiden, insgesamt 670 cm.

Einen Block zusammennähen

■ Anhand der Zeichnungen und der folgenden Beschreibung jeden Block zusammensetzen (Bleistiftlinie = Nählinie), dabei zwischendurch die Nahtzugaben zur Seite bügeln.

■ Zunächst 2mal die hellste Farbe (Quadrat = Schablone 1) mit Weiß zusammenfügen **(Abb. b)**.

■ Dann beide Elemente zum vierteiligen Innenquadrat zusammensetzen **(Abb. c)**.

■ Danach 2 kleine schwarze Dreiecke (Schablone 2) an gegenüberliegenden Seiten anfügen **(Abb. d)**.

■ An den anderen beiden Seiten des Innenquadrates gleich große Dreiecke in der nächstdunkleren Nuance der Hauptfarbe annähen – jetzt haben wir ein größeres Quadrat vor uns **(Abb. e)**.

■ Auf diese Art fortfahren: In der nächsten Runde wieder 2 schwarze Dreiecke an gegenüberliegenden Seiten

anfügen (Schablone 3), dann die nächstdunklere Farbnuance in derselben Größe **(Abb. f, g)**.

■ So jeden Block fortlaufend von innen nach außen und und von hell nach dunkel fertigstellen (Endgröße 30 x 30 cm). Dabei darauf achten, daß sich die Farben und die schwarzen Teile spiralförmig in dieselbe Richtung öffnen.

■ Beim unteren linken Block aber in jeder Runde 3 Teile Schwarz und 1 Teil Orange zusammenfügen.

■ Für den Block oben rechts ein dunkles gelbes Dreieck auf das schwarze Quadrat nähen.

Oberseite zusammenfügen

■ Die fertigen Blöcke anhand des Fotos (Seite 36) zusammenlegen, so daß die Farben diagonal über die Fläche laufen.

■ Jeweils 4 Blöcke – oben beginnend – zu waagerechten Reihen zusammennähen, danach diese Reihen aneinanderfügen.

■ Für den Randstreifen zunächst die 152 cm langen grauen Streifen an die langen Kanten der Patchworkarbeit nähen, anschließend die beiden anderen Streifen oben und unten ansetzen. Eventuell ein violettes Dreieck einfügen, um der dunkelsten Farbe mehr Gewicht zu geben.

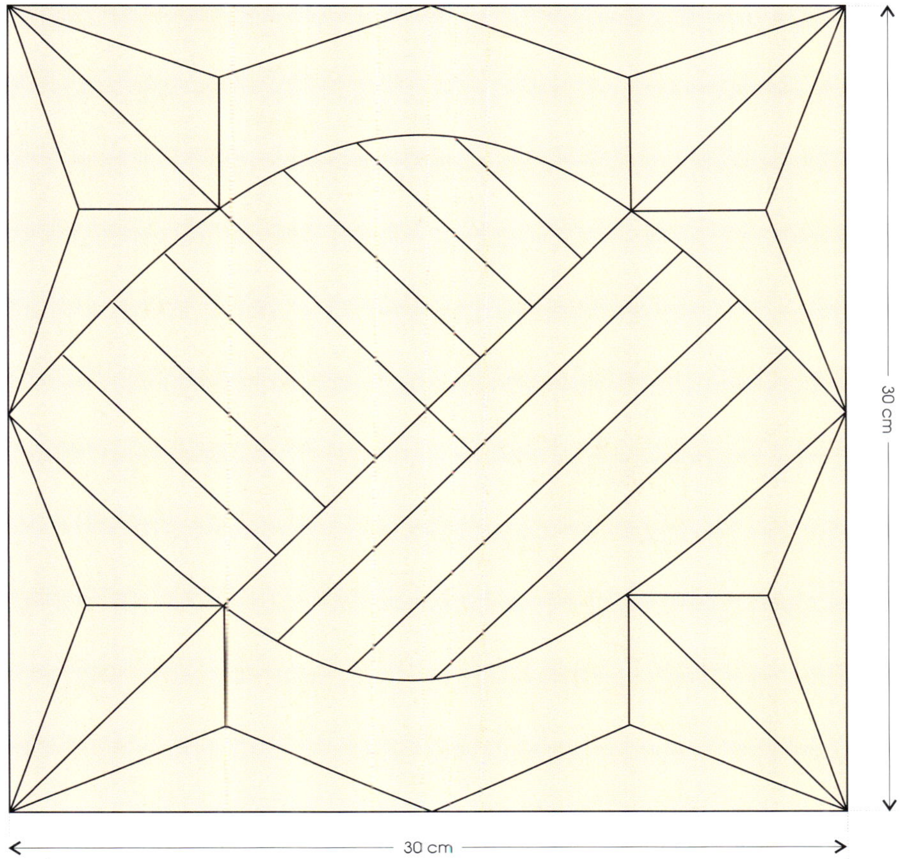

h

Fertigstellung

■ Die fertige Oberseite mit dem Vlies und dem Stoff für die Rückseite zusammenlegen und heften (siehe Seite 26).

■ Anschließend die Decke mit schwarzem Garn quilten. Dazu das Muster **(Abb. h)** Block für Block auf den Stoff übertragen (siehe Seite 27) und von Hand die drei Lagen quilten. Die linke obere Ecke wird extra betont, der Rand erhält schräge, parallele Linien.

■ Zum Schluß den Rand mit den schwarzen Streifen einfassen, eventuell eine Aufhängung annähen und den Quilt mit Namen und Herstellungsjahr kennzeichnen (siehe Seite 28/29).

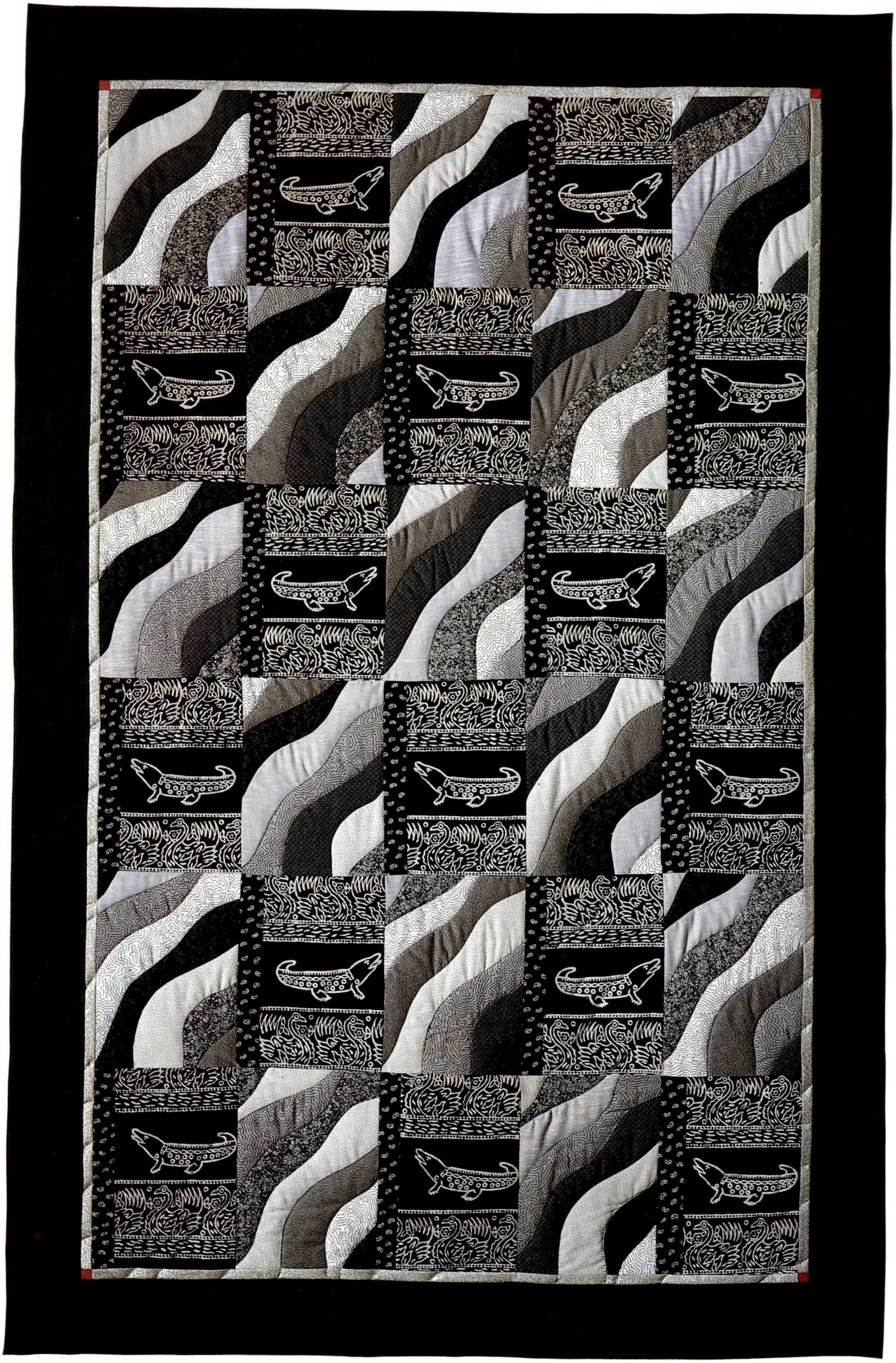

BLOCKMUSTER - FREI ENTWORFEN

Ein Blatt Papier, mit der Schere in beliebige Formen zerschnitten, kann als Vorlage für selbstentworfene Blockmuster dienen. Sie müssen dabei nur beachten, daß sich der Block beim Zusammennähen verkleinert, da die Nahtzugaben in den neu entstandenen Formen bereits enthalten sind.
Der „Alligatorquilt" entstand nach dieser kreativen Gestaltungsmethode.

Beim ersten Hinsehen entdeckt man die Alligatoren auf diesem Quilt, die in verschiedene Richtungen streben. Dann erkennt man die dazwischenliegenden wellenförmigen Flächen, die die Echsen offensichtlich überqueren wollen. Genau diese Wirkung wurde von mir beabsichtigt: Die Idee zu der Decke kam mir während eines Floridaaufenthaltes, als ich ein großes gelbes Vorfahrtsschild für Alligatoren entdeckte mit der Aufschrift: „Gator Xing" (Alligatoren kreuzen den Weg). Kurz zuvor hatte ich einen indonesischen Stoffdruck mit Krokodilmotiven von meinem Sohn geschenkt bekommen. Die Umsetzung war daraufhin nur noch ein Kinderspiel. Statt des Stoffs mit Alligatoraufdruck können Sie für Ihren Quilt sämtliche Stoffe mit einfachen grafischen Motiven wie Pflanzen, Tieren oder ethnischen Ornamenten verwenden. Der Wellenblock sollte natürlich farblich auf den Motivblock abgestimmt werden.

MALEEN THAYSEN:
GATOR XING.
1994

DAS BRAUCHEN SIE

- *Für die Oberseite 70 cm großgemusterten Bildstoff, 120 cm breit; 32 cm schwarzweißen Paisleystoff, 90 cm breit; 8 kleingemusterte Stoffe in verschiedenen Grautönen 30 x 90 cm; für die Ränder 40 cm silbergrauen Stoff, 120 cm breit, 1 roten Stoffrest ca. 3 x 12 cm; 210 cm schwarzen Stoff, 90 cm breit.*
- *Vlies zum Wattieren 215 x 135 cm, grauen Stoff für die Rückseite 215 x 135 cm.*
- *Hilfsmittel: Zeichenkarton, Bleistift, Lineal, Schablonenmaterial, Rollschneidemesser, Schneidematte, Nähmaschine, Rahmenschablone (22,5 x 32 cm), Nähgarn, graues Quiltgarn, rotes Stickgarn und die üblichen Nähutensilien*
- *Größe: ca. 210 x 132 cm*

"WELLENBLÖCKE" ZUSCHNEIDEN UND NÄHEN

- Aus einem Stück Zeichenkarton eine Schablone für den Wellenblock mit den Maßen 30 x 40 cm **(Abb. a)** anfertigen (siehe Seite 16). Die Wellen dürfen nur sanft geschwungen sein, damit das Zusammennähen einfach ist.

a

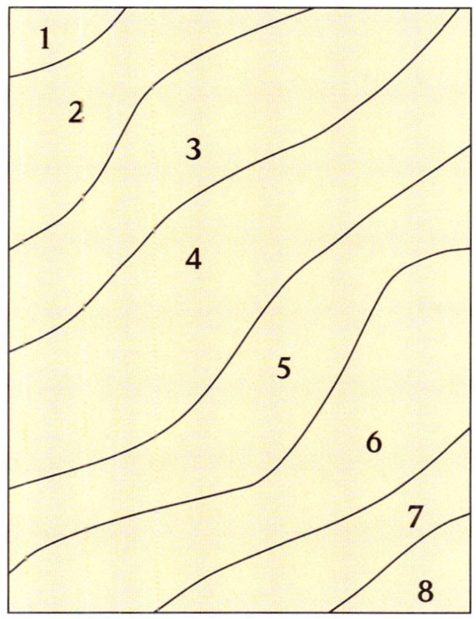

- Die 8 Wellen numerieren und auseinander schneiden.
- Aus jedem der 8 Stoffe in unterschiedlichen Grautönen 2 Rechtecke in den Maßen 30 x 40 cm zuschneiden. Sie erhalten 16 Rechtecke.
- 2 Stapel aus jeweils 8 verschiedenen Rechtecken bilden. Die Teile der Wellenschablone auf den ersten Stapel legen und mit Bleistift die Wellen aufzeichnen.
- Mit dem Rollschneidemesser entlang der vorgezeich-

b

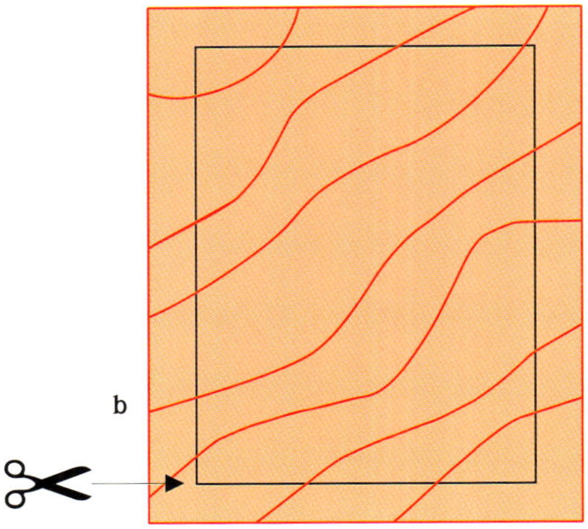

c

d

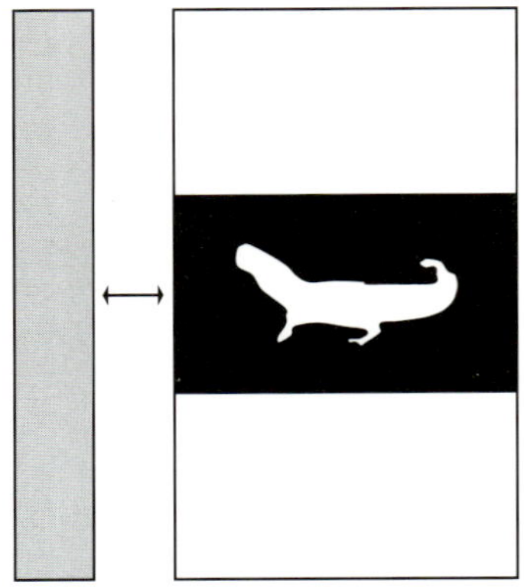

e

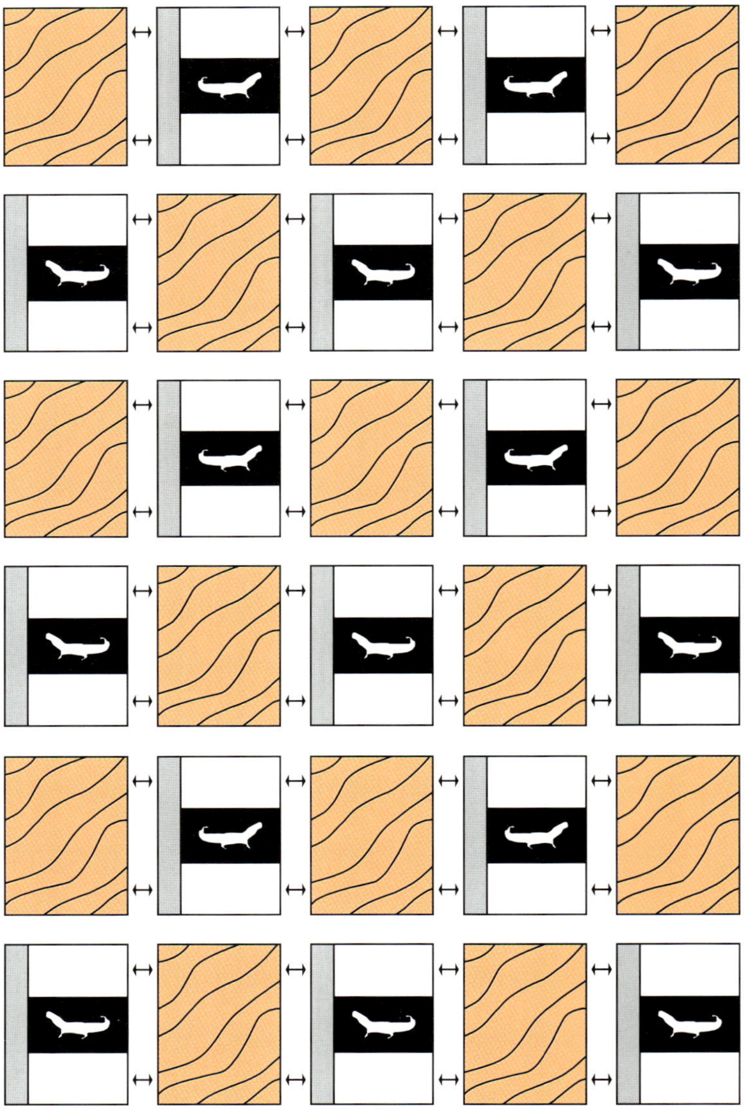

neten Linien schneiden. Es liegen nun 8 Wellenteile in je 8 verschiedenen Stoffen vor. Versehen Sie die Stoffstücke auf der Rückseite mit der dazugehörigen Nummer der Schablone, da jede Welle nur an die vorgesehene Stelle innerhalb des Blockes paßt.

- Stellen Sie 8 Blöcke aus je 8 Wellen unterschiedlicher Stoffe zusammen. Achten Sie bei der Verteilung auf harmonische Kontraste.
- Die Wellenteile mit schmaler Füßchenbreite (5 mm) zusammennähen.
- Anschließend den zweiten Stapel Stoffrechtecke ebenfalls in Wellenteile schneiden und zu 8 Wellenblöcken vernähen. Ein Block ist überzählig, da Sie für den Quilt nur 15 Wellenblöcke benötigen.
- Die Blöcke bügeln. Sie sehen nun unregelmäßig und schief aus, aber keine Angst: Um die endgültige Form des Blockes zu bestimmen, wird eine Rahmenschablone von 22,5 x 32 cm auf die Arbeit gelegt **(Abb. b)** und der schönste Ausschnitt ausgewählt. Das Teil anschließend mit dem Rollschneidemesser herausschneiden **(Abb. c)**

"ALLIGATORBLÖCKE" ZUSCHNEIDEN UND NÄHEN

- Für 15 Alligatorblöcke den großgemusterten Bildstoff in 19 x 32 cm große Teile und den Paisleystoff in Streifen von 5 x 32 cm schneiden.
- Je einen Streifen Paisleystoff an ein Bildteil nähen **(Abb. d)**. Die Nahtzugabe beträgt hierbei 7,5 mm.
- Die Blöcke bügeln.

BLÖCKE ZUSAMMENFÜGEN

- Die Wellen- und Alligatorblöcke abwechselnd nebeneinander auslegen.
- Jeweils 5 Blöcke zu einer Reihe zusammennähen **(Abb. e)**. Es entstehen 6 Reihen.
- Danach die Reihen aneinanderfügen.

RÄNDER ANSETZEN

- Grauer Rand: Aus dem silbergrauen Stoff 2 Streifen à 3 x 185 cm und 2 Streifen à 3 x 114 cm zuschneiden. Aus dem roten Stoffrest 4 Quadrate à 3 x 3 cm schneiden.
- An die Enden der kurzen Streifen je ein rotes Quadrat setzen.
- Die langen Streifen an die Längskanten der Arbeit nähen. Anschließend die Streifen mit den roten Quadraten an die oberen und unteren Kanten des Oberteils ansetzen **(Abb. f)**.
- Schwarzer Rand: Aus dem schwarzen Stoff 2 Streifen à 12 x 190 cm und 2 Streifen à 12 x 132 cm zuschneiden.
- Auch hier zuerst die Längsstreifen und dann die waagerechten Streifen annähen.

QUILTEN UND FERTIGSTELLUNG

- Die Oberseite, das Vlies und den Stoff für die Rückseite übereinanderlegen und die 3 Lagen heften (siehe Seite 26).
- Anschließend die Decke mit grauem Garn quilten. Dazu mit Zauber- oder Kreidestift großzügig geschwungene Wellenlinien auf die gesamte Patchworkoberseite zeichnen **(Abb. g)**.
- Die Linien von Hand oder mit der Nähmaschine nachsteppen.
- Zum Schluß den Quilt mit einem 5 cm breiten schwarzen Stoffstreifen einfassen und mit Namen und Herstellungsjahr kennzeichnen (siehe Seite 28).

f

g

1991

Muster aus Streifen

Die Seminole-Indianer in Florida entwickelten, als sie über Nähmaschinen verfügten, eine ganz neue Art Patchwork: Sie rissen Stoffe zu Streifen, fügten sie anders wieder zusammen, schnitten diese Flächen wiederum in Teile und nähten sie erneut zusammen. Daraus entstanden raffiniert gemusterte Patchworkbänder, die zur Herstellung ihrer spezifischen Kleidung dienten.

In den letzten Jahren haben sich viele Patchworkerinnen dieser traditionellen Technik zugewandt, da sie schnell und einfach ist. Aber erst die junge Entwicklung des Rollschneidemessers („Rotary Cutter") eröffnete dazu phantastische Möglichkeiten, denn nun lassen sich Streifen und einfache geometrische Formen gleich in mehreren Lagen mühelos und präzise auf einer Spezialmatte zuschneiden.

Inzwischen gibt es viele Schnellmethoden und „Shortcuts", die den Zeitaufwand reduzieren. Doch gerade das Entwickeln der Muster nach der Streifenmethode, das „Strip Piecing", ist eine Bereicherung für die moderne Patchworktechnik. Dieses Kapitel stellt eine Reihe von Quilts vor, die nach der Streifenmethode angefertigt werden.

IRRGARTEN AUS STREIFEN

Wie lebendig Streifenmuster wirken können, zeigt dieser Irrgartenquilt. Nach einer speziellen Schnellmethode werden hier einzelne Längsstreifen zusammengenäht, in Quadrate geschnitten und zu Musterblocks aneinandergefügt. Durch das Strip Piecing sparen Sie Zeit und brauchen außerdem keine Schablonen für das Grundmuster anzufertigen.

Die Idee zu diesem Quilt entstand, als ich für ein Jugendzimmer eine moderne, frische Decke gestalten wollte. Das Thema „Irrgarten" schien mir ein passendes Symbol für den Lebensweg eines jungen Mädchens zu sein, der ebenso bunt und fröhlich verlaufen soll. Also wählte ich einen großgemusterten Stoff in kräftigen Farbtönen, deren Leuchtkraft ich auf schwarzem Grund zur Entfaltung brachte. Als Technik entschied ich mich für die Variation des traditionellen Blocks „Rain Fence" in einem neuner Rasterquadrat.
Für das Zuschneiden des Quilts benötigen Sie ein Rollschneidemesser. Wenn Sie noch nicht viel Erfahrung mit diesem Messer besitzen, schneiden Sie vorher einfache Muster aus Stoffresten aus. Besonders das Ansetzen des Rollschneidemessers bedarf einiger Übung.

ILSE AUER:
INAS FLOWERSTREET.
1994.

DAS BRAUCHEN SIE

- *Für die Oberseite 160 x 140 cm großgemusterten farbigen Baumwollstoff, 140 x 350 cm schwarzen Baumwollstoff, für den Rand 50 x 160 cm glänzenden violetten Baumwollstoff wie z.B. Satin.*
- *Vlies zum Wattieren, 170 x 250 cm; Baumwollstoff für die Rückseite, 170 x 250 cm.*
- *Hilfsmittel: Schneidelineal, Schneidematte, Rollschneidemesser, Nähmaschine, Nähgarn, Quiltgarn und die üblichen Nähutensilien*
- *Größe: ca. 164 x 235 cm*

a
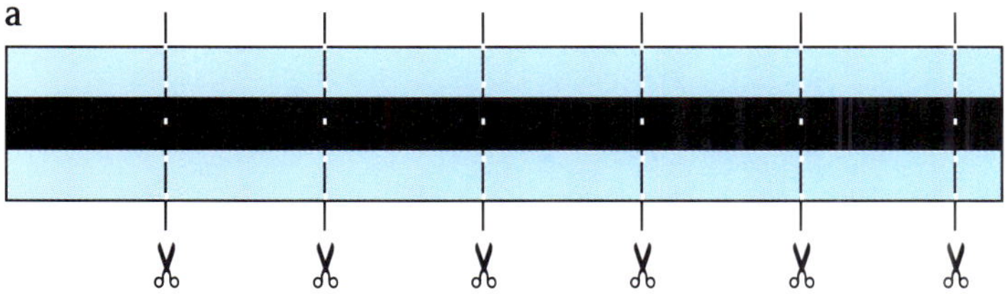

b
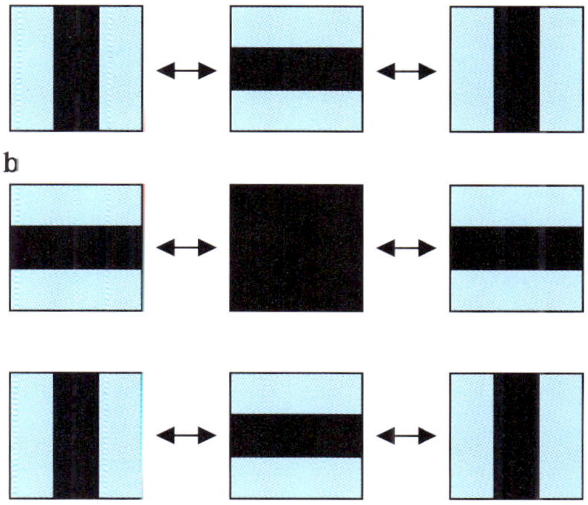

c
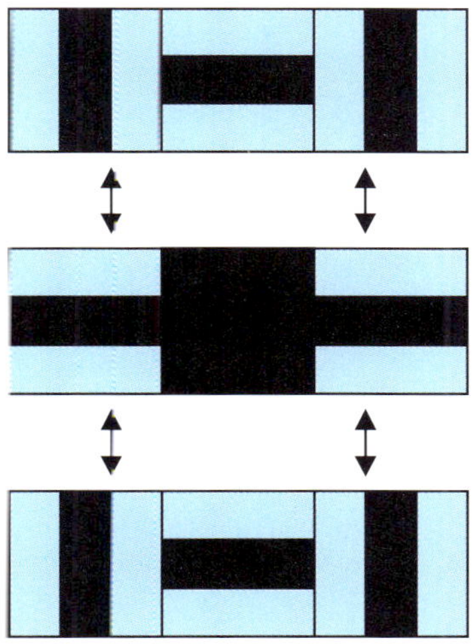

d

MUSTERBLÖCKE ANFERTIGEN

Der Irrgarten setzt sich aus 23 Musterblöcken zusammen, die in folgender Schnelltechnik hergestellt werden:

- Vom farbigen und vom schwarzen Baumwollstoff 4 cm breite Streifen schneiden. Jeweils 3 Streifen mit einer Nahtzugabe von 7 mm so zusammennähen, so daß ein schwarzer Streifen von 2 farbigen Streifen eingefaßt wird **(Abb. a)**.
- Die Bänder in quadratische Abschnitte unterteilen, dabei entspricht die Kantenlänge eines Abschnitts der Breite des Bandes. Sie benötigen 184 Streifenquadrate.
- Für das mittlere Teil der Musterblöcke aus dem schwarzen Baumwollstoff 23 Quadrate in der Größe der Streifenquadrate zuschneiden.
- Sämtliche Quadrate zu Musterblöcken anordnen und zusammennähen.

Hierbei die Abschnitte erst zu Reihen zusammenfassen **(Abb. b)** und anschließend die Reihen aneinanderfügen **(Abb. c)**. Der Irrgarten besteht aus 23 Musterblöcken **(Abb. d)**.

e

BLÖCKE ZUSAMMENFÜGEN

- Die Musterblöcke jeweils um 90° gedreht nebeneinander auslegen.
- 30 schwarze Verbindungsstreifen 4 cm breit aus Baumwollstoff zuschneiden und zwischen den Musterblöcken anordnen.
- 16 Dreiecke aus schwarzem Baumwollstoff zuschneiden. Sie werden aus diagonal geteilten Quadraten hergestellt. Die Größe der Quadrate errechnet sich aus der Kantenlänge eines Musterblocks plus 2,5 cm Nahtzugabe.
- Aus den Musterblöcken, den Dreiecken und den Streifen Reihen bilden und die Teile zusammennähen.

■ Anschließend aus schwarzem Baumwollstoff 4 cm breite Verbindungsstreifen in der Länge der Reihen zuschneiden. Die Reihen mit jeweils einem zwischengesetzten Verbindungsstreifen aneinandernähen **(Abb. e)**.

Ränder ansetzen

■ Innerer schwarzer Rand: Den rechteckigen Irrgarten mit einem schwarzen Band einfassen.

■ Violetter Rand: Aus violettem und schwarzem Baumwollstoff 26 Streifenquadrate herstellen. Aus dem violetten Stoff Streifen in der Breite der Quadrate nähen.

■ Die Streifen und die Quadrate wie auf **Abb. f** aneinanderfügen und an die Patchworkarbeit annähen.

■ Äußerer schwarzer Rand: Vier 20 cm breite Baumwollstreifen zuschneiden und an die Kanten der Decke ansetzen (siehe Seite 26).

f

Quilten und Fertigstellung

■ Die Oberseite, das Vlies und den Stoff für die Rückseite zusammenlegen und die 3 Lagen von der Mitte her heften (siehe Seite 26).

■ Danach die Decke von Hand oder mit der Maschine entlang der Nähte quilten.

■ Zum Schluß die Decke mit einem schmalen Band aus farbigem Baumwollstoff einfassen (siehe Seite 28).

Irene Kahmann:
Das rote Gitter.
1991

STREIFEN UND RHOMBEN

Aus Streifen können die unterschiedlichsten Formen entstehen: Wenn man sie beispielsweise schräg zuschneidet, erhält man Rhomben, die einem Quiltmotiv Spannung und Bewegung verleihen.

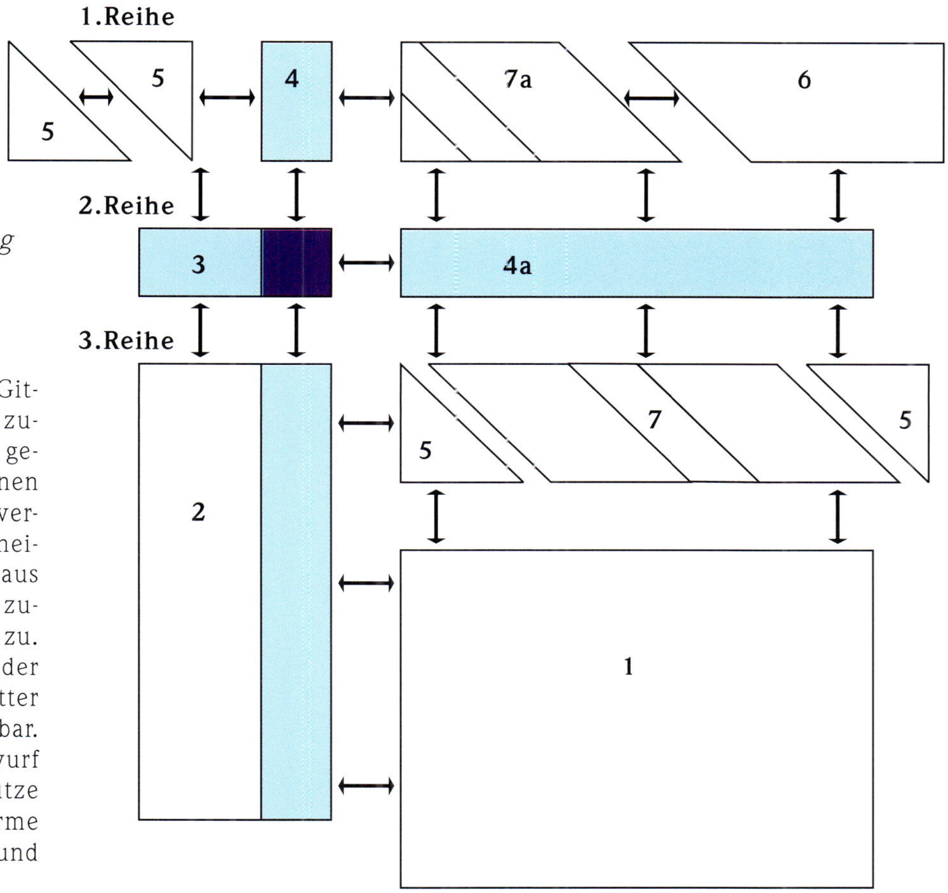

a

Die Decke „Das rote Gitter" ist aus Blöcken zusammengesetzt, in denen gerade mit schräggeschnittenen Abschnitten kombiniert werden. Sämtliche Teile schneidet man ohne Schablone aus einzelnen und mehrfach zusammengesetzten Streifen zu. Beim Aneinanderfügen der Blöcke wird ein rotes Gitter auf grauem Grund sichtbar. Ich habe mir beim Entwurf das optische Gesetz zunutze gemacht, nach dem warme Farben in den Vordergrund treten.

Für den Quilt benötigen Sie Seidenstoffe in unterschiedlichen Grau- und Rottönen. Die hellsten Stoffe liegen auf der Diagonalen, nach außen hin werden die Farben dunkler.

DAS BRAUCHEN SIE

- *Für die Oberseite einfarbige Seidenstoffe, je 90 cm breit: 5 Streifen à 30 cm in verschiedenen Grautönen, 1 Streifen à 20 cm in Rotviolett, 1 Streifen à 20 cm in Blauviolett, 1 Streifen à 10 cm in Blaugrün, 1 Streifen à 10 cm in Violett, ca. 3 Streifen à 10 cm in verschiedenen Rottönen.*
- *115 cm Vlies zum Wattieren, 120 cm breit; 115 cm Seidenstoff für die Rückseite, 120 cm breit.*
- *Hilfsmittel: Lineal, Bleistift, Rollschneidemesser und Schneidematte, Nähmaschine, schwarzes Quiltgarn, Nähgarn und die üblichen Nähutensilien*
- *Größe: ca. 107 x 102 cm*

b

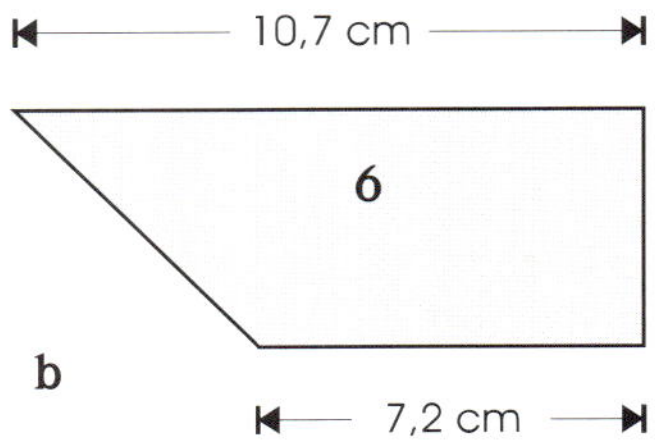

c

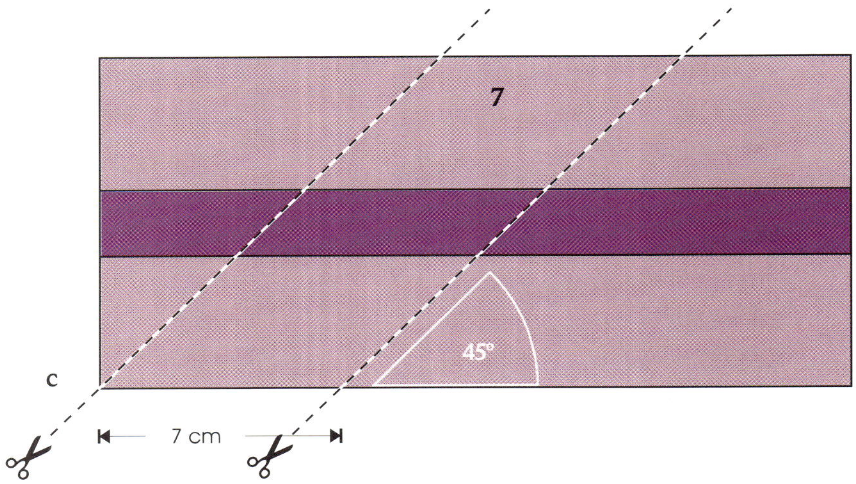

d

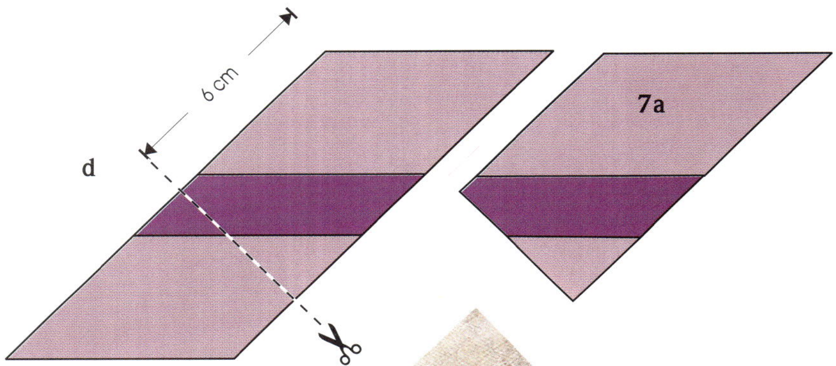

Streifen zuschneiden

■ Alle Stoffe für die Oberseite in Streifen von Kante zu Kante zuschneiden: Die Nahtzugabe von 1,5 cm für beide Seiten ist in den Maßangaben bereits enthalten:

■ Grau: Je Grauton 1 Streifen 11,5 cm breit, je 2 Streifen 5 cm breit, je 1 Streifen 6 cm breit.

■ Rot: Je Rotton 2 Streifen 5 cm breit, 6 Streifen 3,5 cm breit.

■ Rotviolett: 1 Streifen 6 cm breit, 2 Streifen 4,3 cm breit.

■ Blauviolett: 2 Streifen 4,3 cm breit.

■ Blaugrün: 2 Streifen 2,9 cm breit.

■ Violett: 1 Streifen 3,5 cm breit.

Teile anfertigen

■ Aus den Streifen werden nun die 7 unterschiedlichen Teile angefertigt, aus denen sich ein Block zusammensetzt **(Abb. a)**:

■ Von den 11,5 cm breiten Streifen in Grau 25 Teile à 15 cm abschneiden **(1)**.

■ Den 5 cm breiten Streifen in Grau und den 3,5 cm breiten Streifen in Rot so zusammennähen, daß der rote Streifen rechts liegt. Von der Streifenbahn 30 Teile à 15 cm abschneiden **(2)**.

■ Den 5 cm breiten Streifen in Rot und den 3,5 cm breiten Streifen in Violett zusammennähen. Der violette

Streifen liegt hierbei rechts. Von der Streifenbahn 30 Teile à 3,5 cm abschneiden **(3)**.

- Von den 3,5 cm breiten Streifen in Rot 36 Teile à 5 cm **(4)** und 25 Teile à 15 cm abschneiden **(4a)**.
- Die 6 cm breiten Streifen in Grau und Rotviolett zuerst in Quadrate schneiden. Anschließend die Quadrate diagonal teilen, so daß rechtwinklige Dreiecke entstehen **(5)**. Sie benötigen 42 Dreiekke in Rotviolett und 92 Dreiecke in Grau.
- Von den 5 cm breiten Streifen in Grau 30 Teile an einer Seite abgeschrägt zuschneiden **(6)**. Die Länge der oberen Kante beträgt mit Nahtzugabe 10,7 cm und der unteren Kante 7,2 cm **(Abb. b)**.
- Die 4,3 cm breiten Streifen in Rot- und Blauviolett mit den 2,9 cm breiten Streifen in Blaugrün so zusammennähen, daß der blaugrüne Streifen in der Mitte liegt. Von der Streifenbahn im 45° Winkel 7 cm breite Rhomben abschneiden **(Abb. c)**. Sie benötigen insgesamt 55 Rhomben **(7)**. 30 dieser Rhomben an einer Seite im rechten Winkel gerade abschneiden **7a (Abb. d)**. Die obere Kantenlänge beträgt mit Nahtzugabe 6 cm.

Einen Block zusammennähen

- Für einen Block die Teile erst ordnen und anschließend in 3 Reihen zusammennähen **(Abb. a)**.
- 1. Reihe: Zunächst die beiden Dreiecke aneinandernä-

e

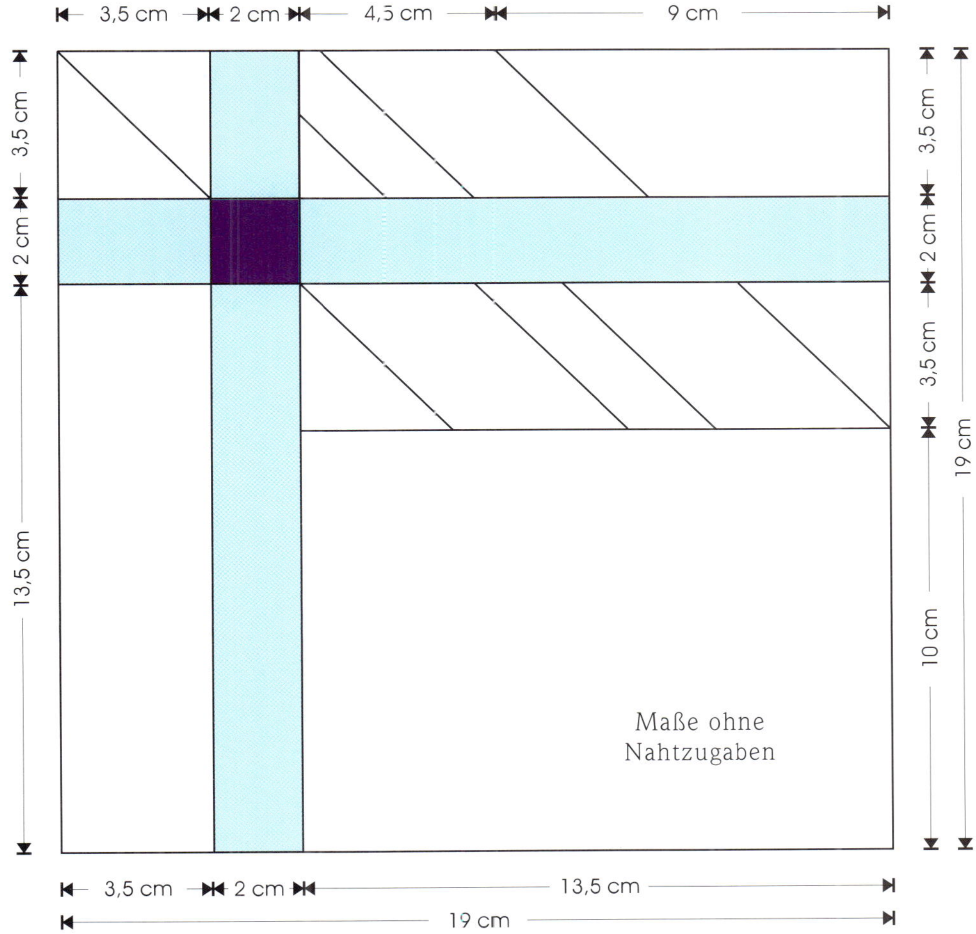

f

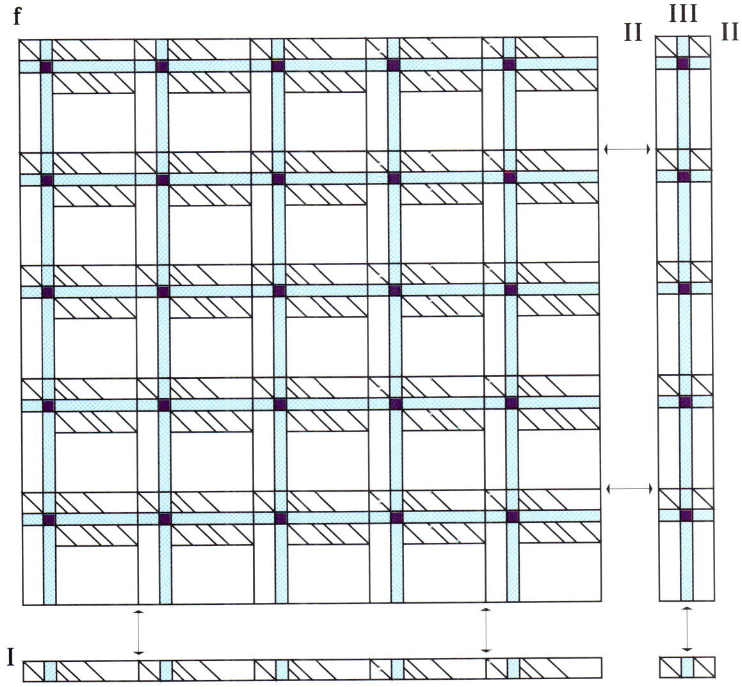

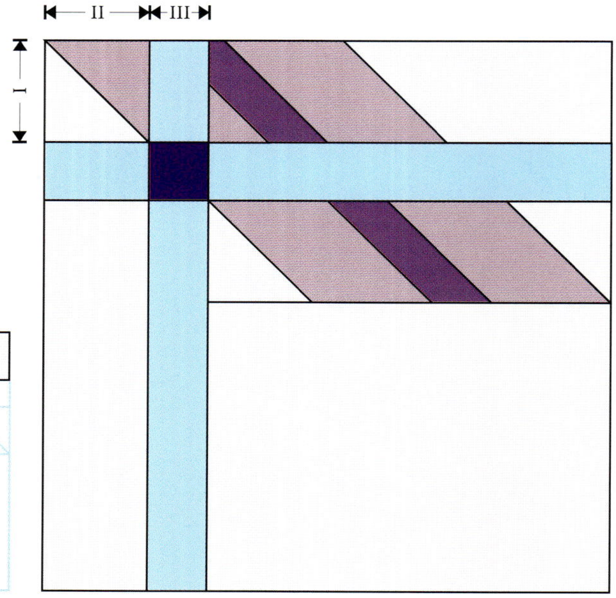

g

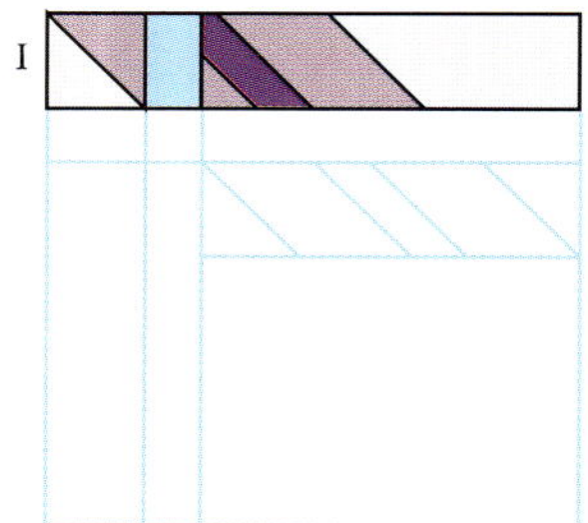

h

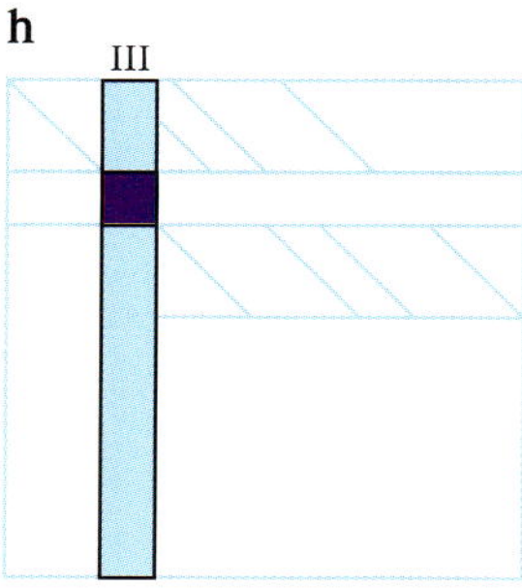

i

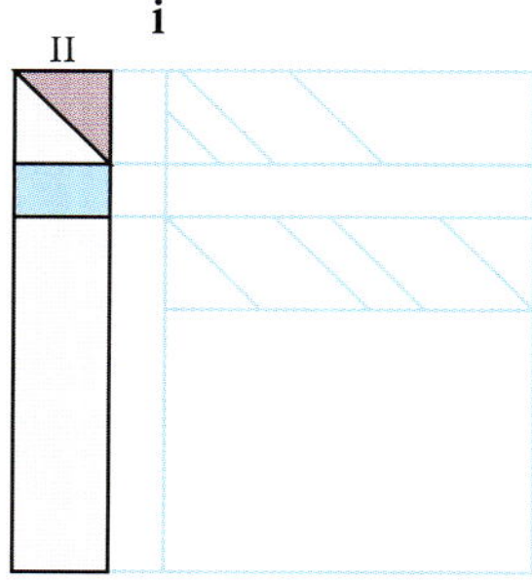

j

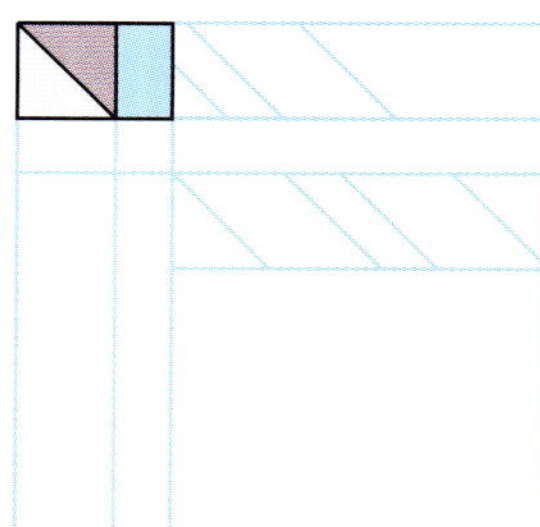

k

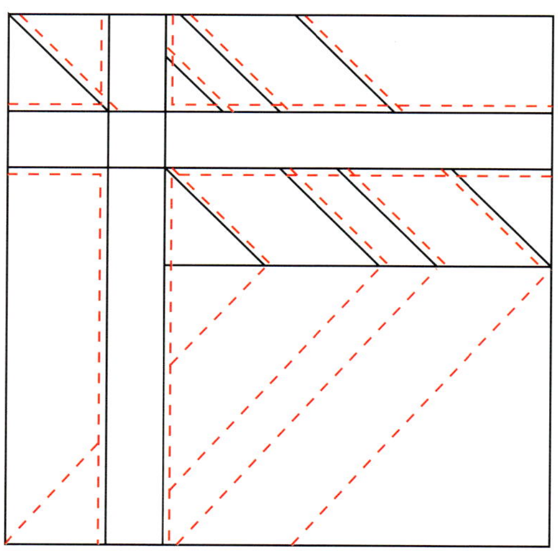

hen, danach die übrigen Teile anfügen.

■ 2. Reihe: Die schmalen Streifen zusammennähen.

■ 3. Reihe: Zuerst die beiden Dreiecke **(5)** an die Rhomben **(7)** ansetzen und das so entstandene Rechteck mit den anderen 2 Teilen **(1 + 2)** verbinden.

■ Die Nahtzugaben jeweils auf eine Seite bügeln und an den Verbindungspunkten darauf achten, daß je 2 Zugaben rechts und links liegen.

■ Anschließend die 3 Reihen zu einem quadratischen Block zusammennähen **(Abb. e)**.

■ Sie benötigen 25 Blöcke.

Oberseite zusammenfügen

■ Jeweils 5 Blöcke zu einer Reihe zusammennähen. Anschließend die Reihen aneinanderfügen.

■ Um das rote Gitter zu schließen, die rechte und die untere Kante der Patchworkarbeit um jeweils einen Streifen erweitern **(Abb. f)**.

■ Der untere Streifen setzt sich aus 5 Teilen des mit der I markierten Streifens **(Abb. g)** zusammen.

■ Der rechte Streifen wird aus den Teilen II und III gebildet. Hierbei wird Teil III von 2 Streifenbahnen des Teiles II eingefaßt **(Abb. h + i)**.

■ Die rechte untere Ecke aus 4 Dreiecken **(5)** und einem schmalen roten Streifen **(4a)** zusammensetzen **(Abb. j)**.

Fertigstellung und Quilten

■ Die fertige Oberseite mit dem Vlies und der Rückseite sorgfältig zusammenheften (siehe Seite 26).

■ Anschließend die Decke mit schwarzem Garn quilten. Die schrägen Quiltlinien mit Lineal und Zauber- oder Kreidestift auf die Blöcke übertragen **(Abb. k)**.

■ Zum Schluß den Quilt mit einem 5 cm breiten Stoffstreifen einfassen (siehe Seite 28) und eventuell mit einem Aufhängetunnel versehen.

KREATIVES STRIP PIECING

Eine Bereicherung für moderne Patchworkentwürfe ist das „Strip Piecing". Losgelöst von alten Regeln kann bei dieser Methode mit unterschiedlichen Stoffen direkt auf der Schneidematte experimentiert werden. Formen und Muster im Stil der Seminole-Technik lassen sich durch das Zerschneiden von Streifenbahnen entwickeln. Die Figurenteile können mit und ohne Schablonen hergestellt werden. Das „Patchworkhaus für Nina" ist eine Mischung aus kreativem Zerschneiden und Zusammensetzen sowie exaktem Arbeiten mit Schablonen.

DAS BRAUCHEN SIE

- *Für die Oberseite 250 cm schwarze Seide, 150 cm breit; 100 cm grüne Seide, 150 cm breit; je 5 Teile rote, grüne und violette Seide in verschiedenen Farbabstufungen, jedes Teil ca. 50 x 90 cm.*
- *Vlies zum Wattieren, 150 x 150 cm; Stoff für die Rückseite, 150 x 150 cm.*
- *Hilfsmittel: Bleistift, Lineal, 1 Bogen stabile Plastikfolie oder festen Karton, 1 Bias Square (Speziallineal, 20 x 20 cm,) Nähmaschine, Rollschneidemesser und Schneidematte, Nähgarn, Quiltgarn und die üblichen Nähutensilien.*
- *Größe: ca. 122 x 138 cm*

SCHABLONEN ANFERTIGEN

- Die Vorlagenzeichnungen 1 bis 16 maßstabsgetreu auf stabile Plastikfolie oder festen Karton übertragen.
- Dann die Schablonen ausschneiden und numerieren (siehe Seite 16).

STREIFENSTOFFE NÄHEN

- Bevor Sie mit dem Zuschneiden und Nähen der Decke beginnen, benötigen Sie mehrere aus Streifen zusammengesetzte Stoffstücke.
- Dazu die 5 grünen, roten und violetten Stoffe in Streifen schneiden und in unterschiedlichen Farbkombinationen wieder zusammennähen (siehe Seite 21).

Streifenpatchwork läßt sich relativ einfach nähen und ist sehr gut in gerade sowie geschwungene Formen zu schneiden. Bei dem Entwurf dieses Quilts legte ich mich auf 3 Hauptfarben fest, die ich jeweils in 5 Tonstufen unterteilte. Um die Leuchtkraft der Hauptfarben zu erhöhen, wählte ich als Grundfarbe Schwarz.

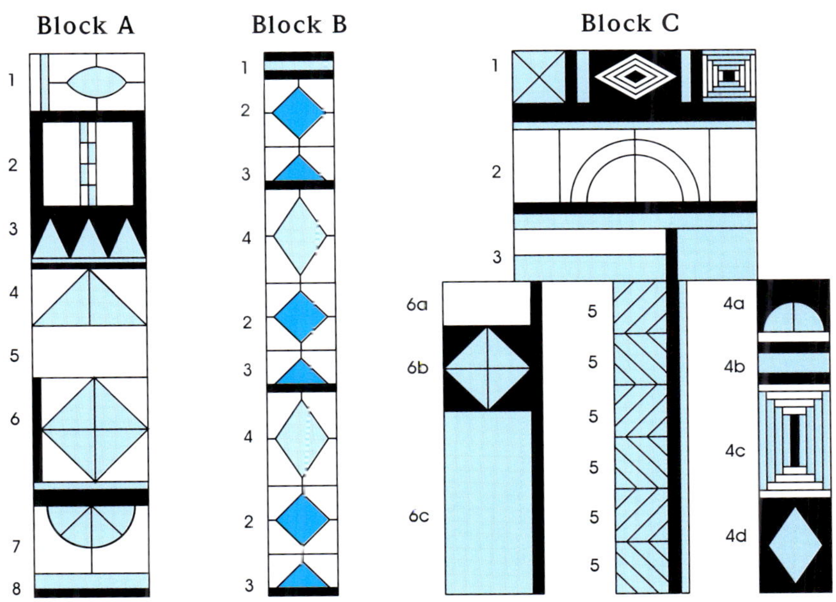

LILO FEICHTINGER:
EIN PATCHWORKHAUS FÜR NINA. 1994

■ Benötigt werden Stoffteile aus Streifen einer Farbgruppe sowie Stoffteile, in denen Streifen unterschiedlicher Farbgruppen verarbeitet wurden. Die Streifenbreite sollte ebenfalls variieren.

BLOCK A

■ Der Quilt ist in 3 große Blöcke unterteilt: A, B und C. Jeder Musterblock setzt sich wiederum aus mehreren kleinen Teilen zusammen (siehe Schemazeichnung Seite 55 und 58). Block A besteht aus 8 Einzelteilen.

■ Teil 1: Die Schablone 1 auf einen der vorbereiteten Streifenstoffe auflegen und das Teil zuschneiden. Die Schablone 2 viermal aus schwarzem Seidenstoff ausschneiden und an die Form annähen **(Abb. a)**. Einen schmalen Streifen aus farbigem Streifenstoff 12,5 cm lang, 3 cm breit und einen Streifen aus schwarzer Seide 12,5 cm lang, 4,5 cm breit an die linke Seite des Teiles nähen.

■ Teil 2: Einen Doppelstreifen aus acht 5,5 x 3 cm großen Teilen nähen **(Abb. b)**. 2 Rechtecke 8,5 x 17,5 cm aus Streifenstoff zuschneiden und an beide Seiten des Doppelstreifens ansetzen. Das Teil mit schwarzer Seide einfassen (Maße des Teils 2 mit Nahtzugabe: 21,5 x 23 cm).

■ Teil 3: Mit der Schablone 3 drei Dreiecke aus dem Streifenstoff zuschneiden. Aus schwarzer Seide 2 Dreiecke mit der Schablone 3 und 2 Formen mit der Schablone 4 ausschneiden. Die Teile **(Abb. c)** im farblichen Wechsel zusammennähen und unten einen schwarzen und einen grünen Streifen, je 23 cm lang und 2,5 cm breit, ansetzen.

■ Teil 4: Ein Quadrat aus schwarzer Seide mit den Maßen 13,5 x 13,5 cm diagonal durchschneiden. Aus Streifenstoff 2 Dreiecke mit einer Schenkellänge von ebenfalls 13,5 cm ausschneiden. Je ein einfarbiges und ein gestreiftes Dreieck zu einem neuen Quadrat **(Abb. d)** zusammennähen. Die 2 so entstandenen Quadrate zu Teil 4 zusammenfügen.

a

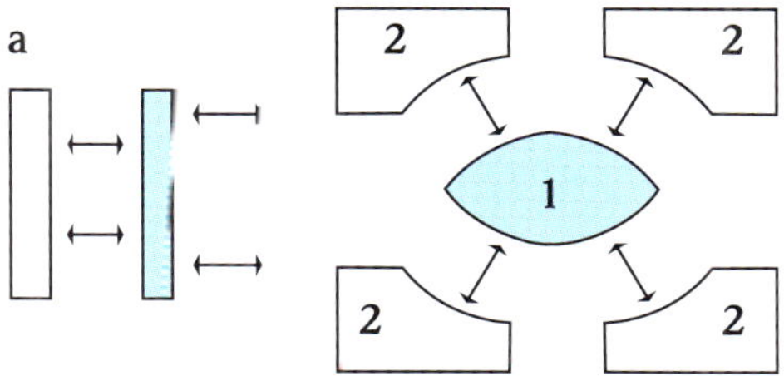

b

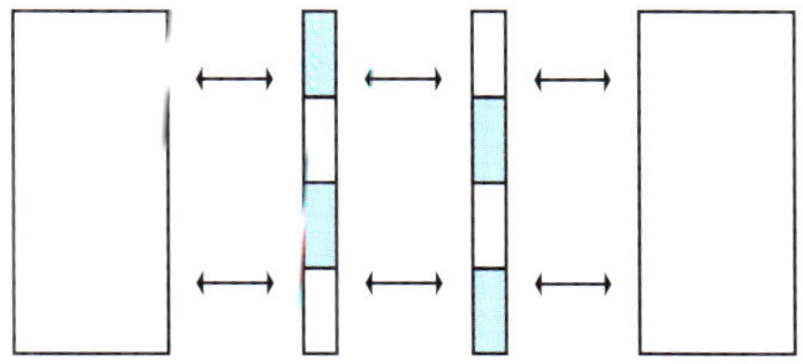

c

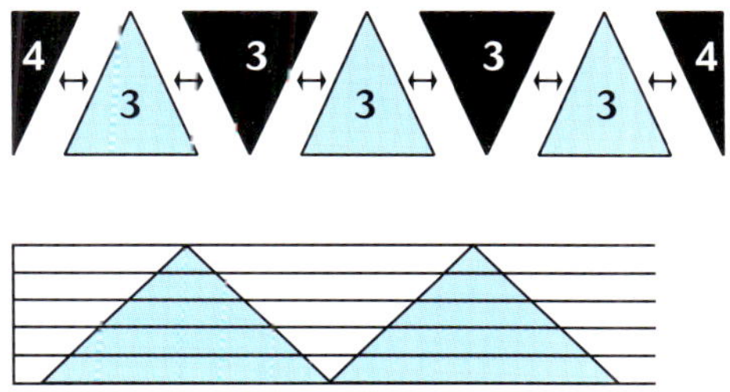

d

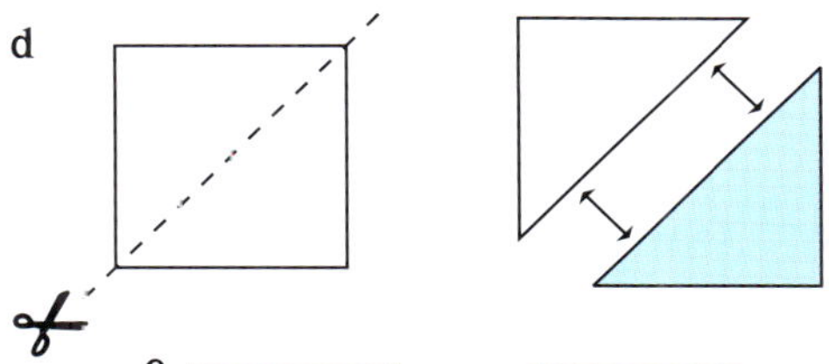

e

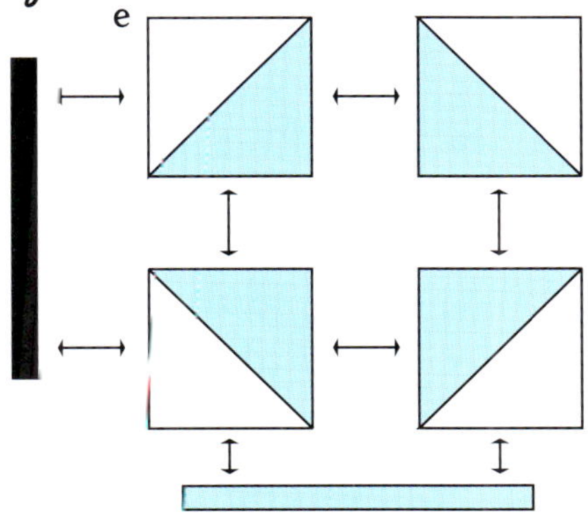

f

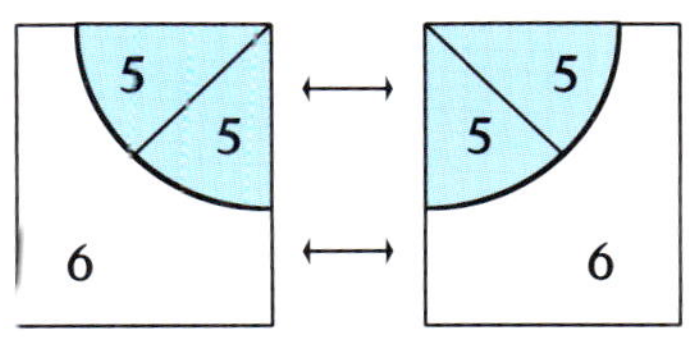

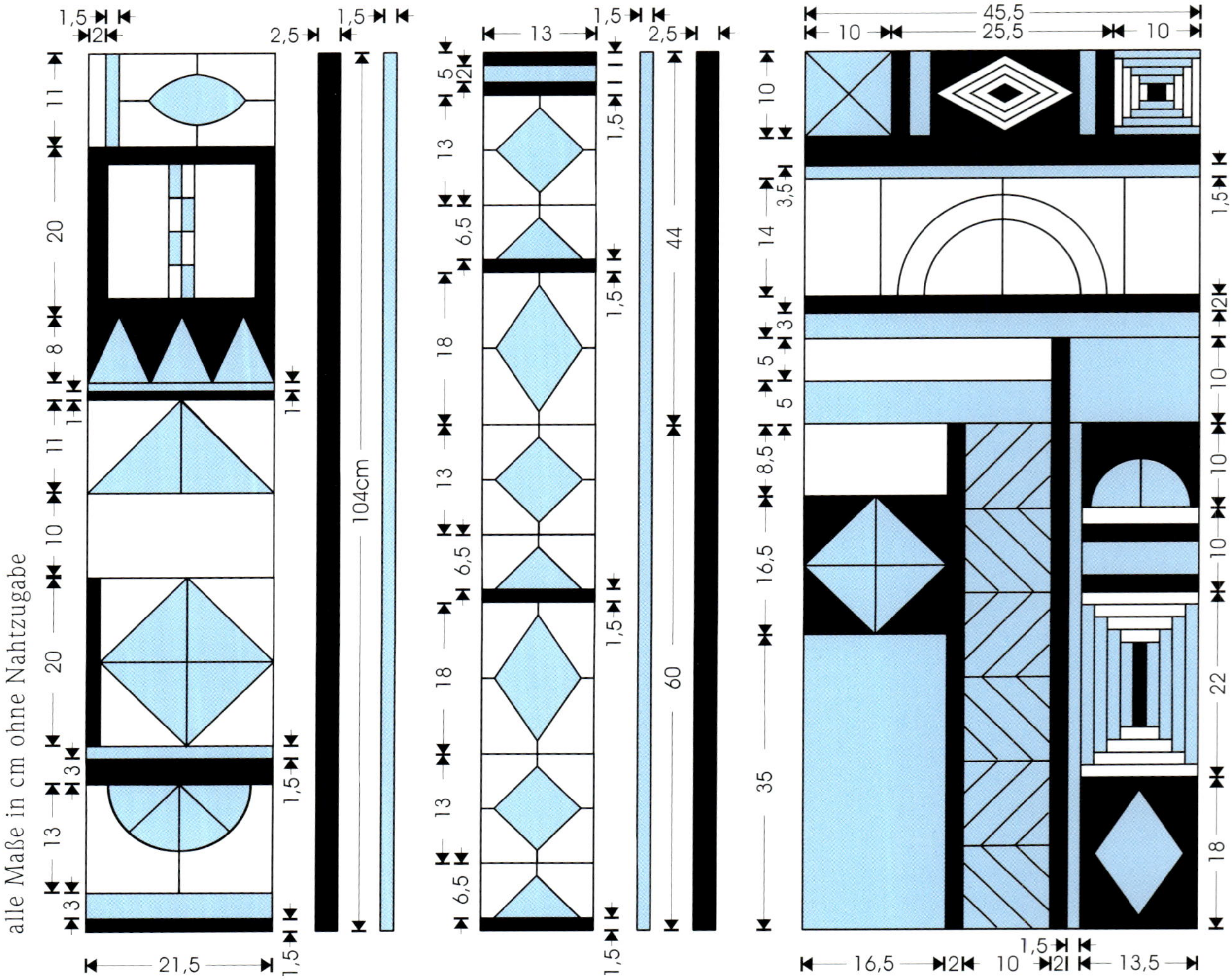

■ Teil 5: Ein Rechteck mit den Maßen 11,5 x 23 cm aus farbigem Streifenstoff zuschneiden.

■ Teil 6: Mit dem Bias Square jeweils 4 Dreiecke mit einer Schenkellänge von 12,5 cm aus Streifenstoff und aus schwarzer Seide zuschneiden. Die Dreiecke zu 4 kleinen Quadraten zusammensetzen und zu einem großen Quadrat **(Abb. e)** aneinandernähen. Seitlich und unten je einen 3 cm breiten Randstreifen anfügen.

■ Teil 7: Die Schablone 5 in 2 verschiedenen Rottönen viermal zuschneiden und je 2 Teile zu einem Viertelkreis zusammennähen. Die Schablone 6 zweimal aus schwarzer Seide zuschneiden und je 1 Teil an einen Viertelkreis nähen. Die so enstandenen Quadrate aneinanderfügen **(Abb. f)**. Am oberen Rand einen Streifen schwarze Seide 4,5 x 23 cm ansetzen.

■ Teil 8: Einen Streifen aus schwarzer Seide 3 cm breit, 23 cm lang und einen Streifen aus einem Rest Streifenstoff 4,5 cm breit, 23 cm lang zuschneiden und aneinandernähen.

■ Die Teile 1 bis 8 nacheinander zusammennähen. An die rechte Seite des Blockes einen 4 cm breiten Streifen aus schwarzer Seide anfügen.

BLOCK B

■ Block B ist aus 4 sich mehrfach wiederholenden Teilen zusammengesetzt: Teil 2 und 3 werden dreimal, das Teil 4 wird zweimal angefertigt. Insgesamt besteht Block B aus 9 Einheiten.

■ Teil 1: 2 schwarze Streifen aus Seide, 3 cm breit und 14,5 cm lang und einen Streifen aus farbigem Streifenstoff 3,5 cm breit, 14,5 cm lang zuschneiden. Die schwarzen Streifen an beide Seiten des farbigen Streifens ansetzen.

■ Teil 2: Für Block B wird das Teil 2 dreimal benötigt. 3 Quadrate 8,5 x 8,5 cm aus Streifenstoff zuschneiden. Die Schablone 7 aus schwarzer Seide zwölfmal zuschneiden. 4 schwarze Teile an ein Streifenquadrat nähen. Damit die Teile ganz genau zusammenpassen, schließt man zuerst die mittleren und danach die seitlichen Nähte **(Abb. g)**.

■ Teil 3: Diese Einheit wird dreimal genäht. Mit dem Bias Square aus farbigem Streifenstoff 3 rechtwinklige Dreiecke mit einer Schenkellänge von 9,5 cm schneiden. Aus schwarzer Seide mit der Schablone 7 insgesamt 6 Teile schneiden. Je 2 schwarze Teile beidseitig an ein Dreieck ansetzen **(Abb. h)**. An jede Form unten einen Streifen aus schwarzer Seide 3 cm breit, 14,5 cm lang anfügen.

Teil 4: Dieses Teil wird zweimal angefertigt. Mit Schablone 8 aus farbigem Streifenstoff 2 Rauten ausschneiden. 8 Formen aus schwarzer Seide mit Schablone 9 zuschneiden. Je 4 schwarze Formen an die Rauten aus Streifenstoff ansetzen **(Abb. i)**.

■ Block B zusammennähen. Anschließend rechts und links je einen 3 cm breiten Streifen aus grünem Seidenstoff anfügen.

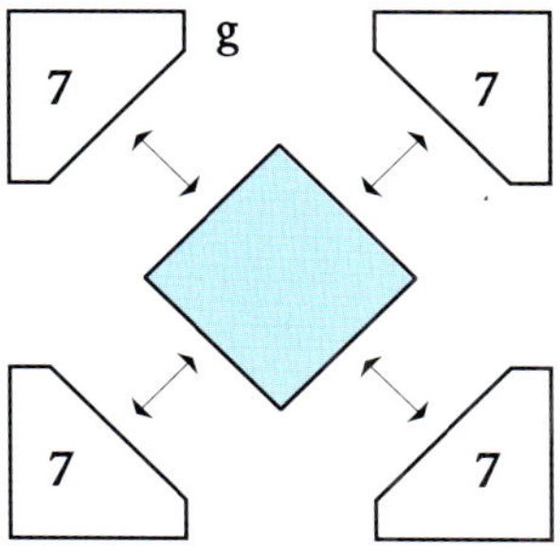

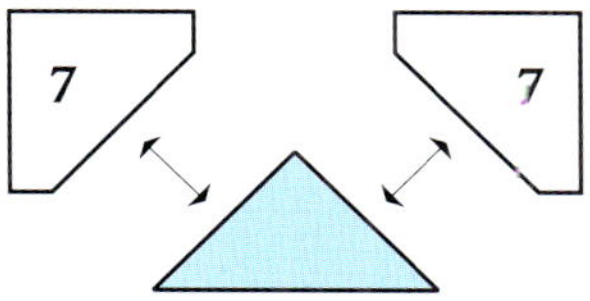

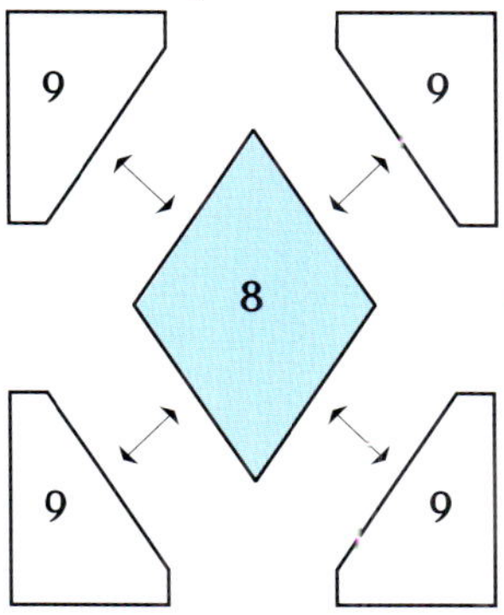

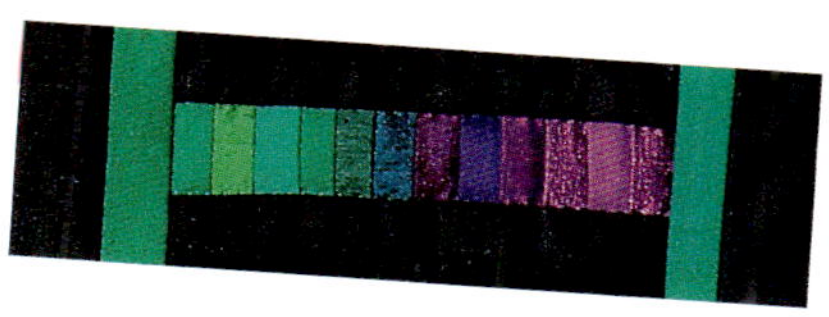

BLOCK C

■ Block C wird in 2 Abschnitten genäht: Zuerst werden die Teile 1, 2 und 3 fertiggestellt und zusammengenäht. Danach fertigt man die Teile 4, 5 und 6 an und setzt sie so an den ersten Abschnitt, daß die Streifen senkrecht verlaufen.

■ Teil 1a: Für das linke Quadrat aus farbigem Streifenstoff 4 Dreiecke mit einer Schenkellänge von 9,5 cm ausschneiden und zusammennähen. **(Abb. j)**.

j

Teil 1a

k

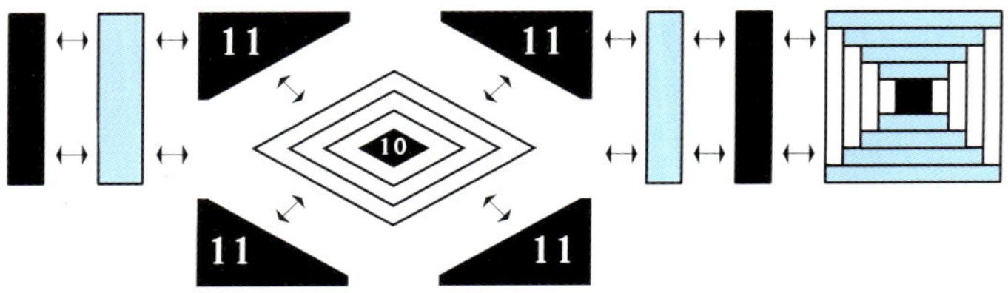

Teil 1b

Teil 1c

l

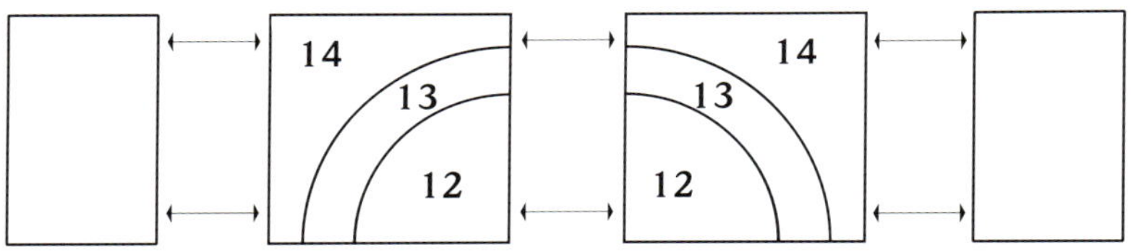

m

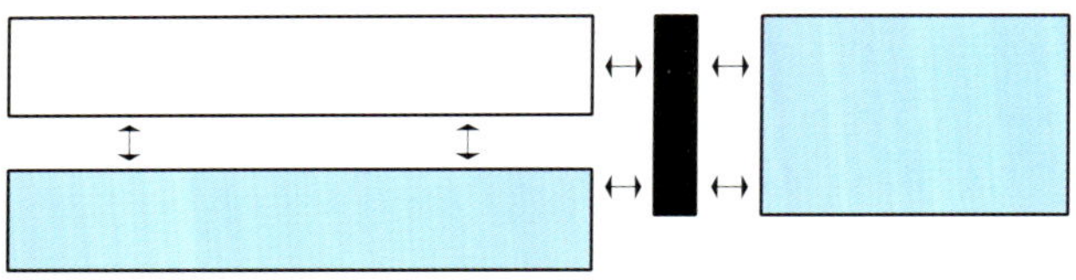

n

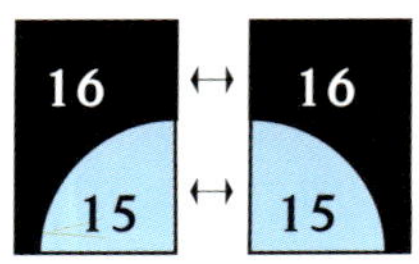

■ Teil 1b: Für das mittlere Element mit Schablone 10 eine Raute aus schwarzem Seidenstoff ausschneiden. Dann 3 Runden aus 2,5 cm breiten farbigen Streifen rund um die Raute ansetzen. Aus schwarzer Seide die Schablone 11 viermal ausschneiden und an die Seiten der Raute nähen. An das fertige Rechteck 2 Streifen aus farbigem Streifenstoff ansetzen. Rechts 3,5 cm breit und links 4 cm breit, 11,5 cm lang. Daran 2 Streifen aus schwarzer Seide 3,5 cm breit, 11,5 cm lang anfügen.

■ Teil 1c: Für das rechte Quadrat ein Blockhaus mit einer Seitenlänge von insgesamt 11,5 cm (siehe Seite 19) aus farbigen Streifen nähen.

■ Die beiden Quadrate und das Mittelteil (Teil 1a,1b und 1c) zusammenfügen **(Abb.k)**

und unten je einen Streifen 3 cm breit, 47 cm lang und 5 cm breit , 47 cm lang ansetzen.

■ Teil 2: Die beiden Schablonen 12 und 13 aus farbigen Seidenstoffen und die Schablone 14 aus schwarzer Seide je zweimal zuschneiden. 2 quadratische Blöcke nähen und miteinander verbinden **(Abb. l)**. An beiden Seiten 2 Rechtecke aus schwarzer Seide 10,25 cm und 15,5 cm ansetzen. Unten an das Teil zwei 47 cm lange Streifen à 4,5 cm und 3,5 cm nähen.

■ Teil 3: 2 Streifenblöcke à 6,5 x 30 cm mit einmal waagerecht und einmal senkrecht verlaufenden Streifen zuschneiden und zu einem Rechteck zusammennähen. Ein weiteres Rechteck aus Streifenstoff 16,5 x 11,5 cm zuschneiden und an die linke Seite einen Streifen aus schwarzer Seide 3,5 cm breit und 11,5 cm lang anfügen. Die Elemente zusammensetzen **(Abb. m)**.

■ Die Teile 1, 2 und 3 zum ersten Hauptabschnitt des Blockes C zusammensetzen.

■ Teil 4a: Aus Streifenstoff die Schablone 15 zweimal und die Schablone 16 zweimal aus schwarzer Seide zuschneiden und die 4 Teile zusammennähen **(Abb. n)**.

■ Teil 4b: 3 Streifen aus farbiger Seide und einen Streifen aus einem Rest Streifenstoff zu einem Rechteck mit den Maßen 11,5 x 15 cm zusammennähen.

■ Teil 4c: Ein rechteckiges Blockhaus (siehe Seite 19) in der Größe 23,5 x 15 cm anfertigen.

■ Teil 4d: Aus den Schablonen 8 und 9 ein schwarz eingefaßtes Rautenteil anfertigen. Auf der linken Seite 5 mm Nahtzugabe anfügen, um die passende Größe zu erreichen.

■ Die Teile 4a bis 4d zusammennähen und an der linken Seite einen 3 cm breiten Streifen aus grüner Seide anfügen.

■ Teil 5: Aus farbigem Streifenstoff mit dem Bias Square 6 Quadrate mit einer Seitenlänge von 11,5 cm zuschneiden. Die Blöcke so aneinandernähen, daß ein Zick-Zack-Muster entsteht **(Abb. o)**. An die rechte Längsseite einen 3,5 cm breiten Streifen aus schwarzem Seidenstoff ansetzen.

■ Teil 6a: Hierfür ein Rechteck 10 x 18 cm aus farbigem Streifenstoff zuschneiden.

■ Teil 6b: Aus Streifenstoff und aus schwarzer Seide je 4 Dreiecke mit einer Schenkellänge von 11 cm zuschneiden und zu einem Quadrat zusammensetzen **(Abb. p)**.

■ Teil 6c: Aus dem farbigen Streifenstoff ein Rechteck 36,5 x 18 cm zuschneiden.

■ Die Teilstücke 6a, 6b und 6c zusammennähen und an die rechte Seite einen 3,5 cm breiten Streifen aus schwarzer Seide anfügen.

■ Danach die Teile 4, 5 und 6 zusammennähen und an den ersten Hauptabschnitt des Blockes C (Teile 1, 2 und 3) annähen.

■ An die linke Seite des Blockes C einen 4 cm breiten Streifen aus schwarzer Seide ansetzen.

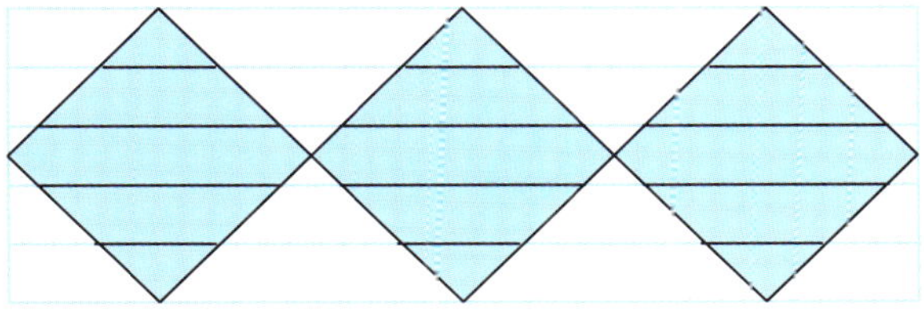

o

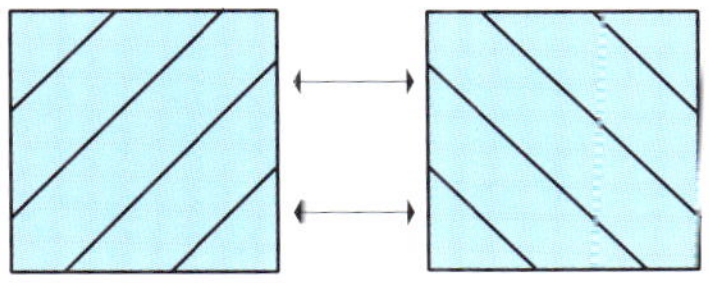

p

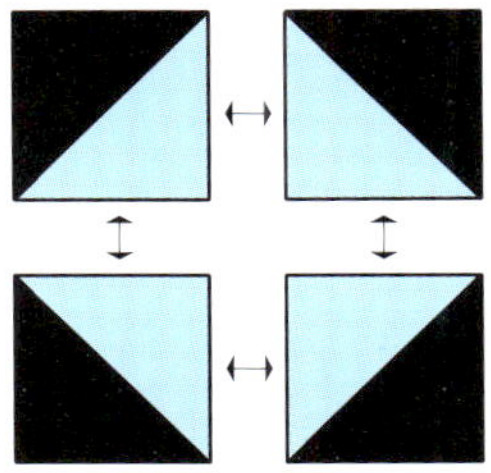

OBERSEITE ZUSAMMENFÜGEN

■ Die drei Blöcke A, B und C zusammenähen. Die Arbeit bügeln und mit vier 3 cm breiten Streifen aus grünem Seidenstoff einfassen.

■ Für den Rand vier 15,5 cm breite Streifen aus schwarzer Seide zuschneiden und an die Decke annähen.

QUILTEN UND FERTIGSTELLUNG

■ Die fertige Oberseite mit dem Vlies und der Rückseite zusammenheften.

■ Die Teilstücke an den Nähten entlang quilten und, wo es sich ergibt, einzelne Formen nachsteppen. Den Rand mit Kreisen, Quadraten, Drei- und Rechtecken quilten.

■ Anschließend die Arbeit mit einem 5 cm breiten Streifen aus schwarzer Seide einfassen (siehe Seite 28).

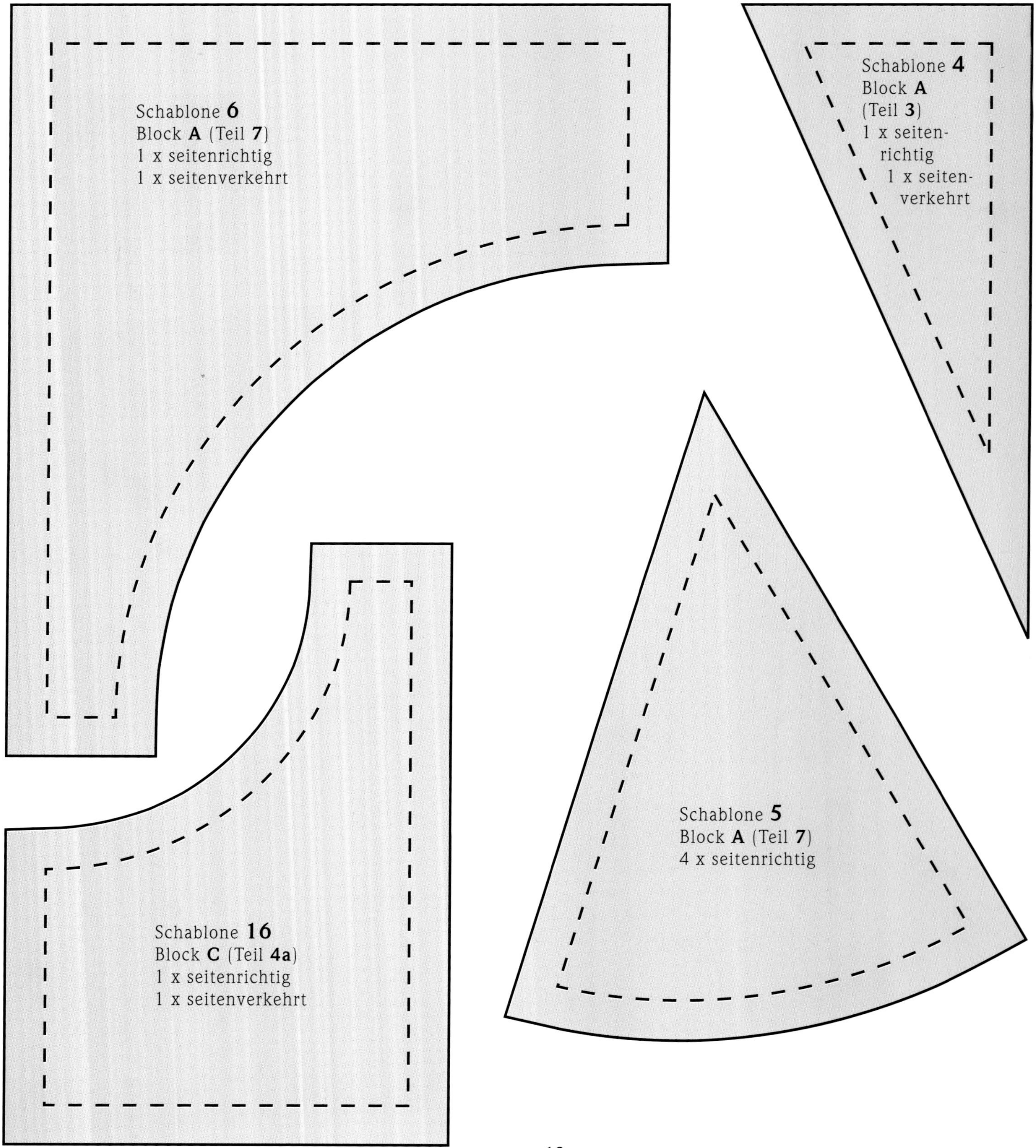
Schablone 6
Block A (Teil 7)
1 x seitenrichtig
1 x seitenverkehrt
Schablone 4
Block A
(Teil 3)
1 x seiten-
richtig
1 x seiten-
verkehrt
Schablone 5
Block A (Teil 7)
4 x seitenrichtig
Schablone 16
Block C (Teil 4a)
1 x seitenrichtig
1 x seitenverkehrt

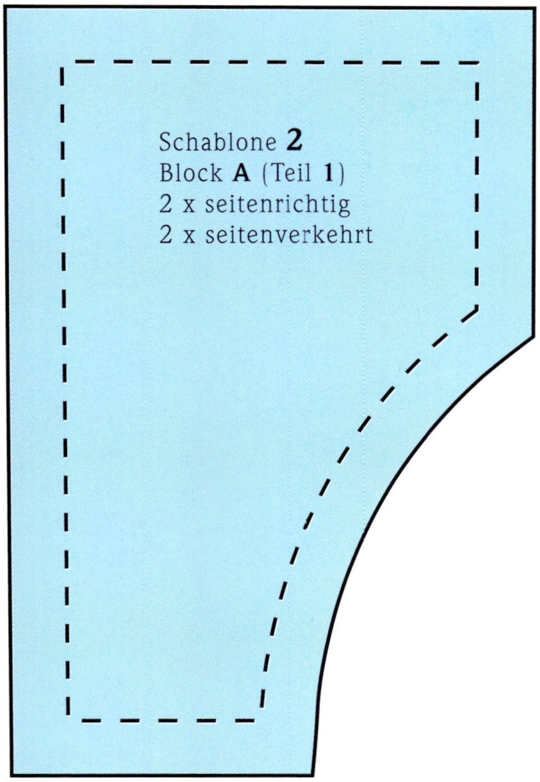
Schablone **2**
Block **A** (Teil **1**)
2 x seitenrichtig
2 x seitenverkehrt

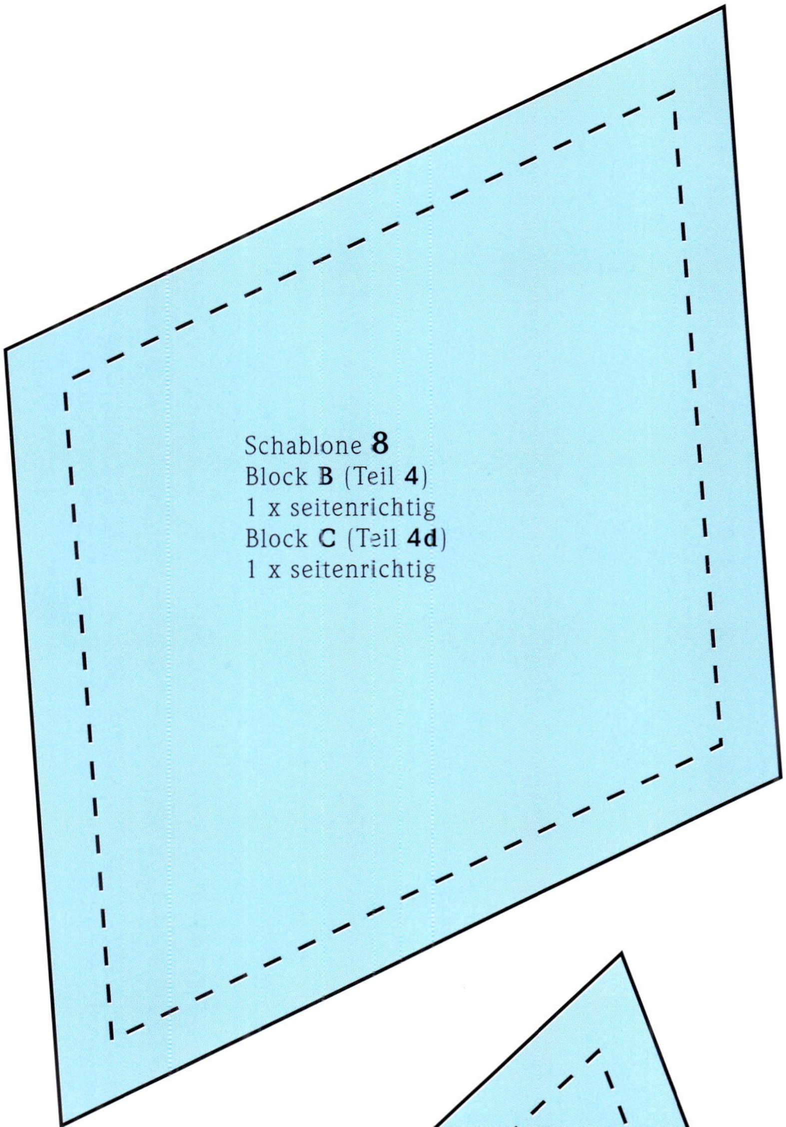
Schablone **8**
Block **B** (Teil **4**)
1 x seitenrichtig
Block **C** (Teil **4d**)
1 x seitenrichtig

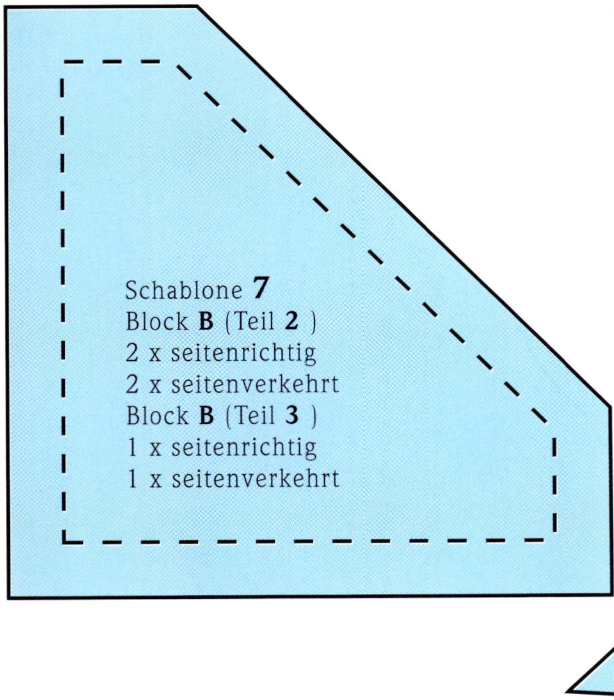
Schablone **7**
Block **B** (Teil **2**)
2 x seitenrichtig
2 x seitenverkehrt
Block **B** (Teil **3**)
1 x seitenrichtig
1 x seitenverkehrt

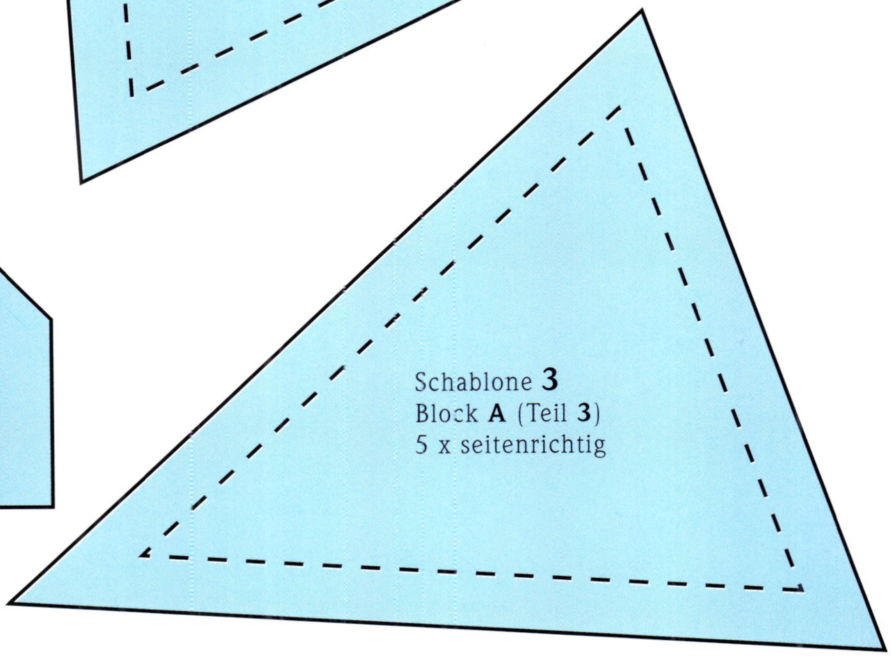
Schablone **3**
Block **A** (Teil **3**)
5 x seitenrichtig

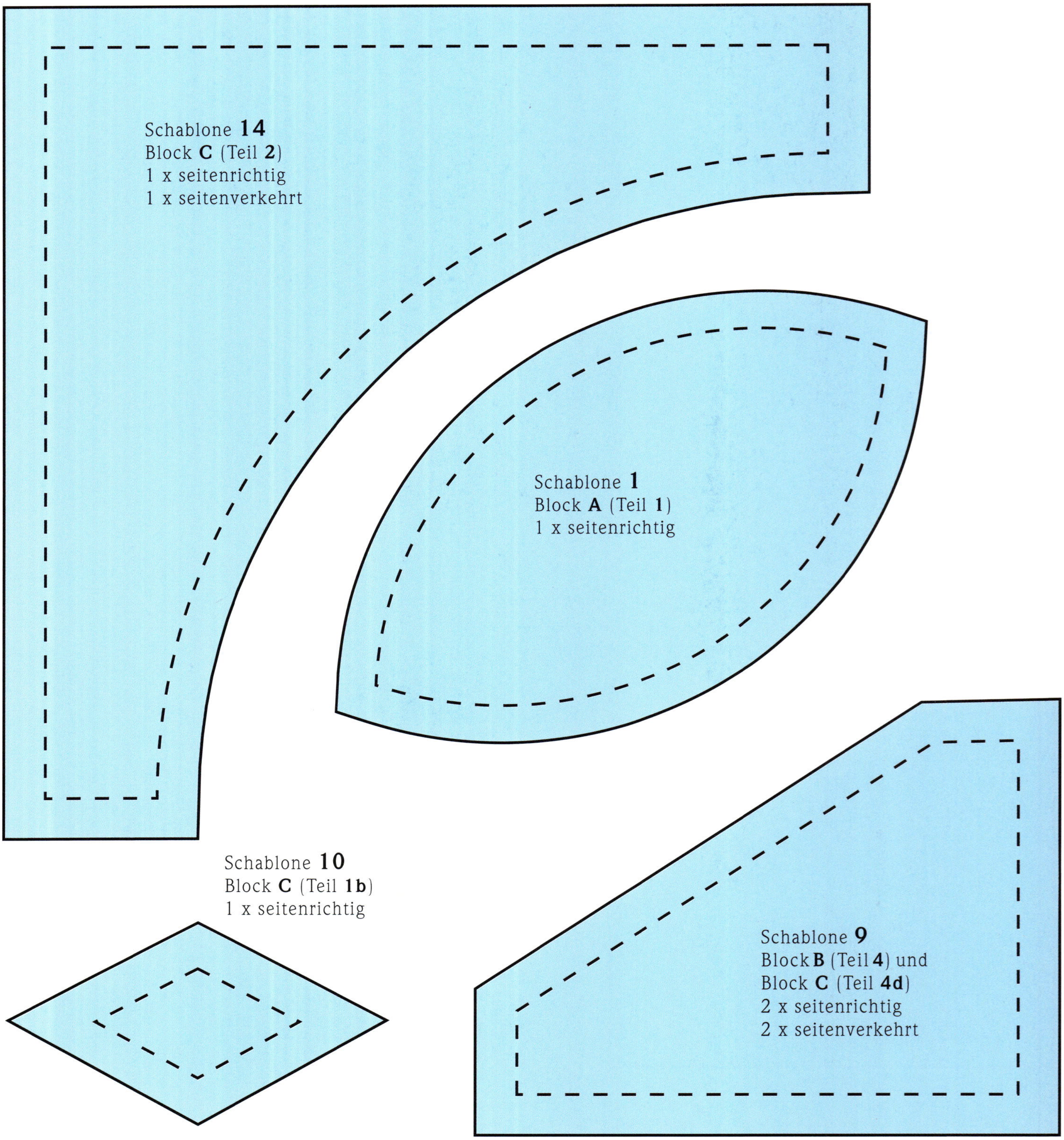
Schablone **14**
Block **C** (Teil **2**)
1 x seitenrichtig
1 x seitenverkehrt
Schablone **1**
Block **A** (Teil **1**)
1 x seitenrichtig
Schablone **10**
Block **C** (Teil **1b**)
1 x seitenrichtig
Schablone **9**
Block **B** (Teil **4**) und
Block **C** (Teil **4d**)
2 x seitenrichtig
2 x seitenverkehrt

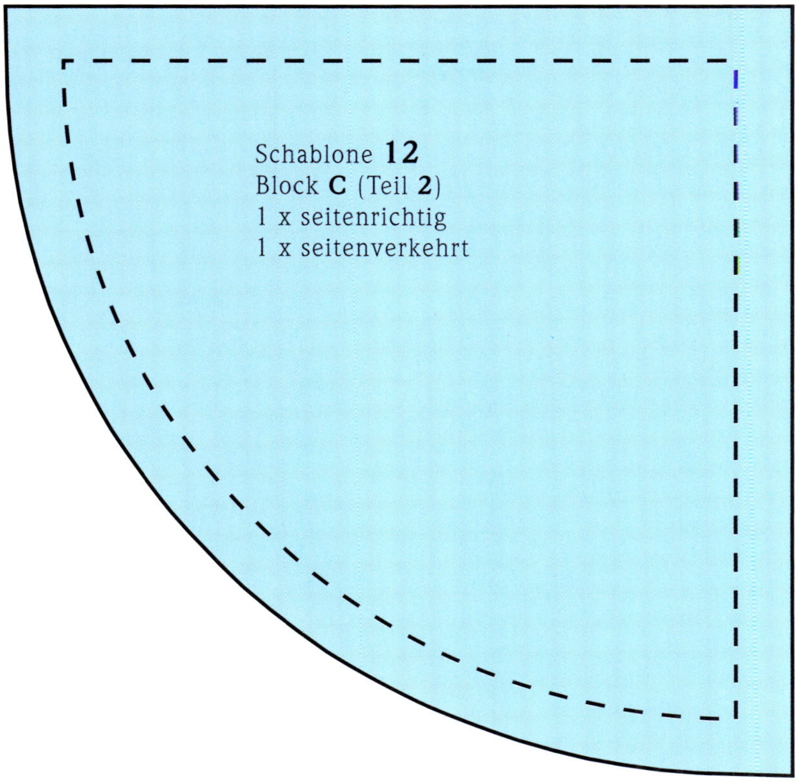
Schablone **12**
Block **C** (Teil **2**)
1 x seitenrichtig
1 x seitenverkehrt

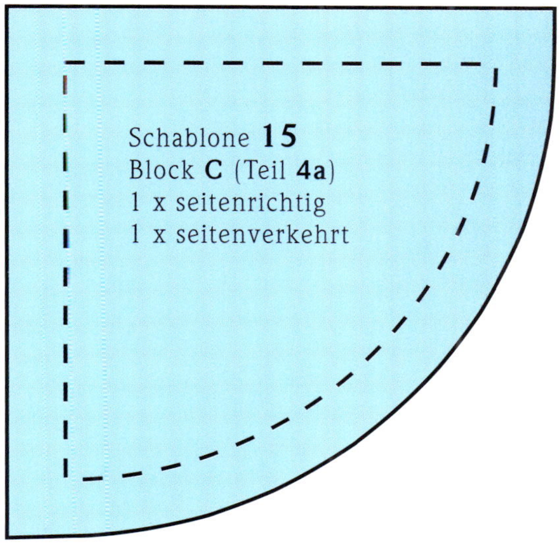
Schablone **15**
Block **C** (Teil **4a**)
1 x seitenrichtig
1 x seitenverkehrt

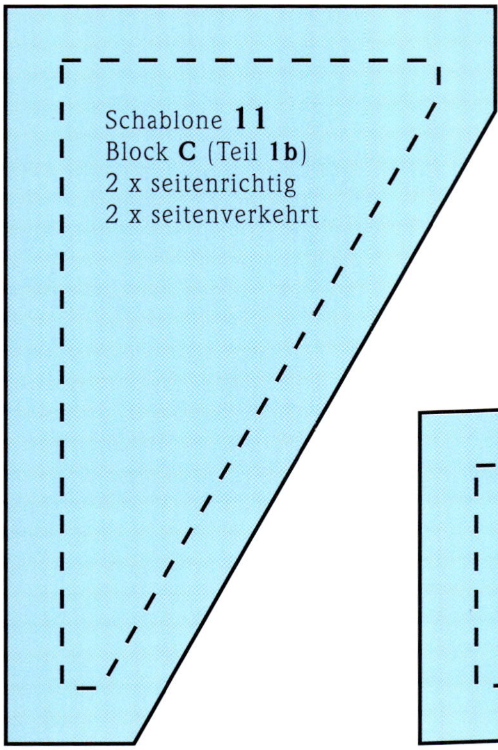
Schablone **11**
Block **C** (Teil **1b**)
2 x seitenrichtig
2 x seitenverkehrt

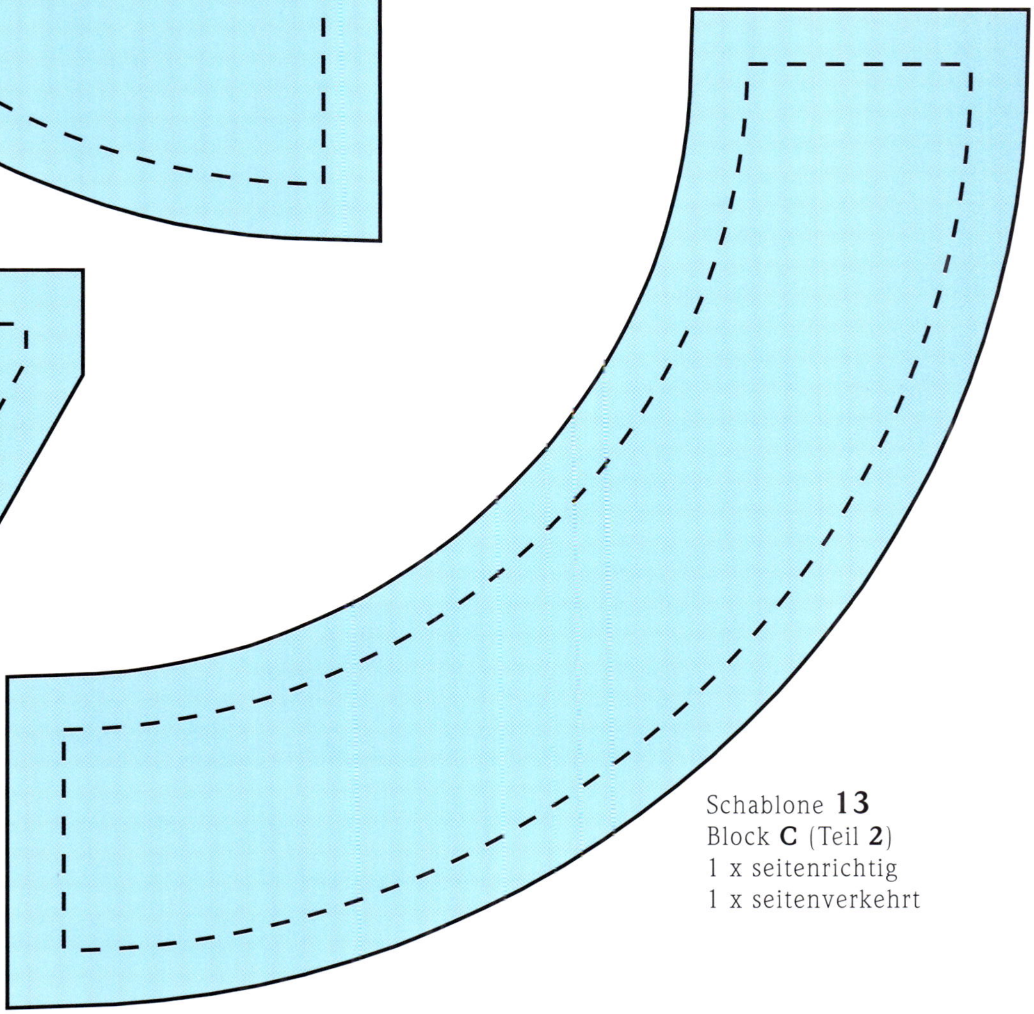
Schablone **13**
Block **C** (Teil **2**)
1 x seitenrichtig
1 x seitenverkehrt

HEIDRUN RINNER:
SEA BOTTOM.
1993

FASZINATION IN STREIFEN

Ausgangspunkt dieser dekorativen Patchworkarbeit ist das Dreieck. Durch die Beschränkung auf eine Form und ihre regelmäßige Wiederholung wirkt der Quilt ausgewogen. Handbemalte Seidenstoffe verleihen ihm sein „malerisches" Aussehen, das dem Betrachter den Eindruck vermittelt, auf dem Grund des Meeres zu tauchen.

Angeregt zu der Decke wurde ich durch die vielfältigen Variationsmöglichkeiten, welche die Streifentechnik bietet. Ich schnitt Dreiecke aus je 2 aneinandergenähten Kontraststreifen und setzte sie zu einem neuen Muster zusammen. Mit dieser Methode läßt sich das Ergebnis zwar grob vorausplanen, das endgültige Aussehen der Decke entwickelt sich jedoch erst im Laufe des Herstellungsprozesses.
Tip: Anfängerinnen empfehle ich, Baumwollstoffe zu verwenden, da sie sich leichter verarbeiten lassen.

DAS BRAUCHEN SIE

- *Für die Oberseite einschließlich Rand eine große Auswahl einfarbiger Baumwoll- oder Seidenstoffe, je 90 cm breit: 120 cm verschiedene Violettöne, 160 cm verschiedene Grüntöne, 70 cm verschiedene Hellgrüntöne, 40 cm verschiedene Gelbgrüntöne, 20 cm verschiedene Türkistöne, 20 cm verschiedene Blautöne sowie 10 cm gemusterten Stoff; für die Einfassung 540 cm violettes Schrägband, 4 cm breit.*
- *280 cm Vlies zum Wattieren, 90 cm breit; 280 cm Stoff für die Rückseite, 90 cm breit.*
- *Hilfsmittel: Bleistift, Lineal, Rollschneidemesser und Schneidematte, Nähmaschine, Quiltgarn, Nähgarn und die üblichen Nähutensilien.*
- *Größe: ca. 130 x 130 cm*

STOFFE VORBEREITEN UND ZUSCHNEIDEN

- Um möglichst viele Farbschattierungen zu erhalten, ist es notwendig, die Stoffe vorher passend einzufärben oder großzügig zu bemalen. Je nachdem, ob Sie Seide oder Baumwollstoffe verwenden, wählen Sie hierfür Seiden- oder Textilfarben.
- Bei dünnen Seidenstoffen zur Verstärkung Haftvlies auf die Rückseite aufbügeln.
- Die für die Oberseite des Quilts vorbereiteten Stoffe mit dem Rollschneidemesser in 7,5 cm breite Streifen schneiden. Die Nahtzugabe von 7 mm ist in den Maßangaben bereits enthalten. Sie benötigen im einzelnen:
10 Streifen Violettöne,
9 Streifen Grüntöne,
8 Streifen Hellgrüntöne,
4 Streifen Gelbgrüntöne,
2 Streifen Türkistöne,
2 Streifen Blautöne,
1 Streifen gemusterten Stoff.

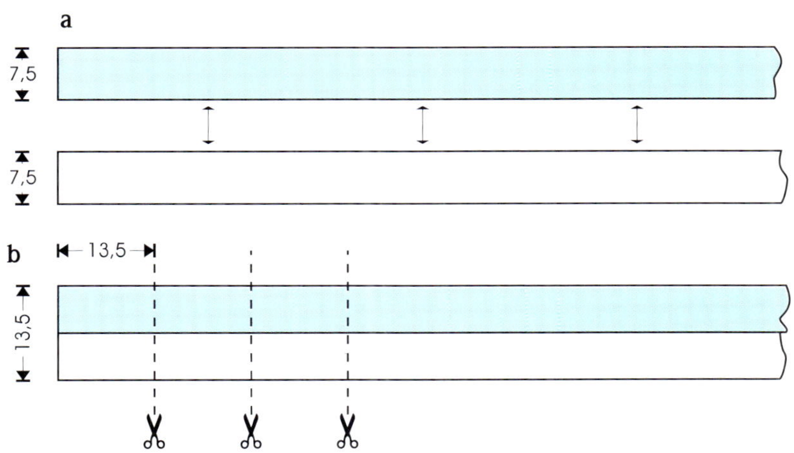

c

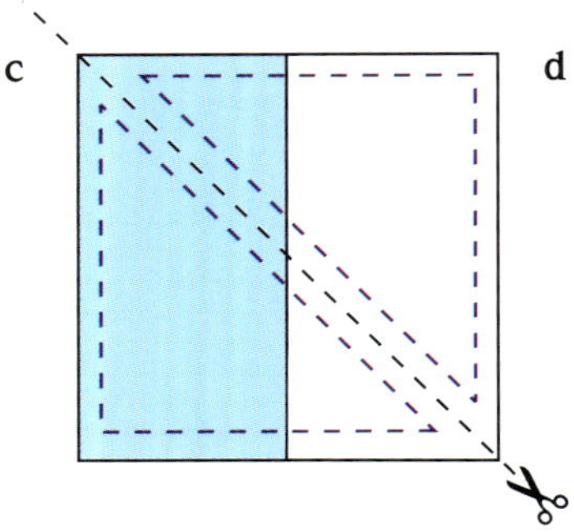

d

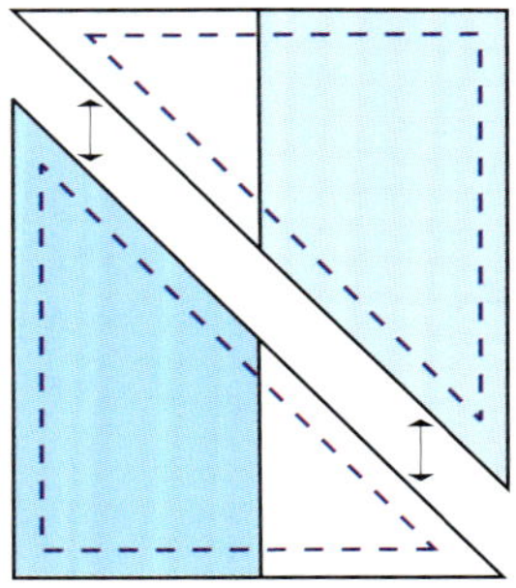

e

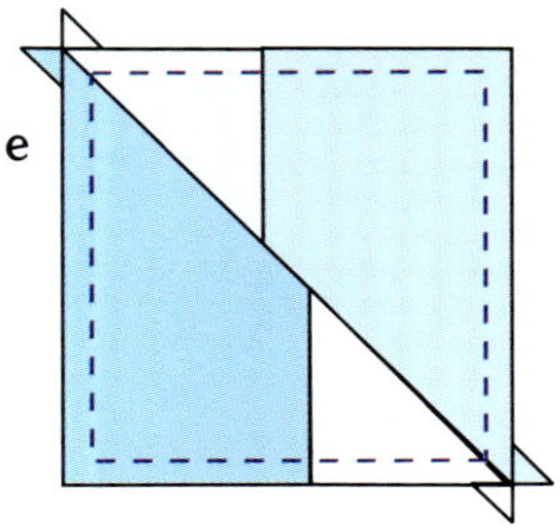

f

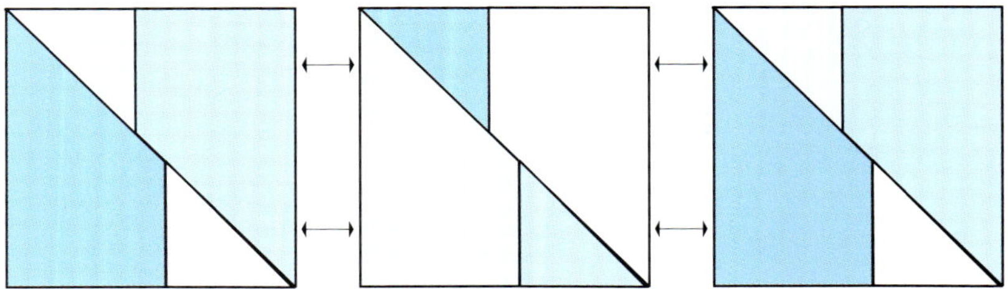

DREIECKE ANFERTIGEN

■ Je 2 verschiedenfarbige Streifen entlang der Längskanten zusammennähen **(Abb. a)**.

■ Die Doppelstreifen in Quadrate mit einer Seitenlänge von 13,5 cm schneiden **(Abb. b)**.

■ Jedes Quadrat anschließend diagonal in 2 Dreiecke teilen **(Abb. c)**. Insgesamt benötigen Sie 196 Dreiecke.

■ Dann sämtliche ausgeschnittenen Teile, wie auf dem Foto Seite 66 abgebildet, zu einem harmonischen Patchworkmuster anordnen.

■ Tip: Die Wirkung können Sie am besten beurteilen, wenn Sie die Arbeit aus einer größeren Entfernung heraus betrachten.

OBERSEITE ZUSAMMENFÜGEN

■ Sobald Ihnen das Muster gefällt, wird die Decke zusammengenäht. Hierzu je 2 verschiedenfarbige Dreiecke – in der Anordnung, in der sie ausliegen – aneinanderfügen **(Abb. d)**. Sie erhalten Quadrate mit einer Seitenlänge von 12,5 cm aus 4 verschiedenfarbigen Stoffen **(Abb. e)**. Es erleichtert die Arbeit, wenn Sie die Dreiecke als Kette direkt hintereinandernähen (siehe Seite 18).

■ Anschließend die Quadrate zu Reihen zusammenfügen **(Abb. f)**. Die Länge der Reihen ergibt sich aus ihrer Anordnung auf dem Quilt.

■ An beide Enden der Reihen 2 bis 13 je ein Dreieck annähen. Die erste und die 14. Reihe werden aus 2 zu einem großen Dreieck zusammengesetzten kleinen Dreiecken gebildet **(Abb. g)**.

■ Danach die Reihen aneinanderfügen.

g

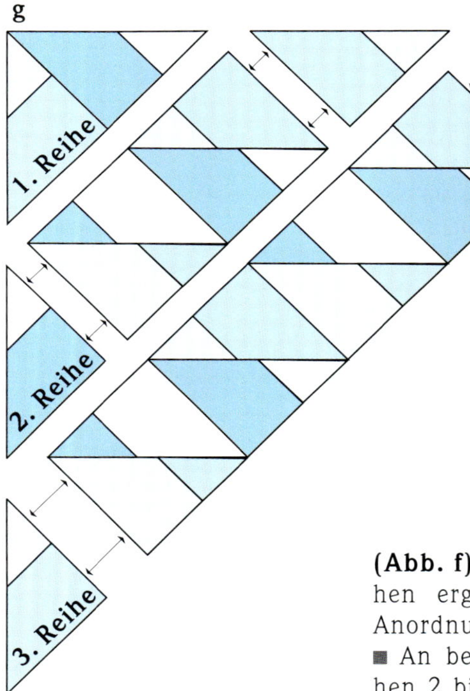

RAND ANSETZEN

■ Aus violettem Stoff vier 3,5 cm breite Streifen schneiden. Zuerst je einen Streifen an die Längskanten der Patchworkarbeit nähen und überstehende Enden abschneiden. Dann die beiden anderen Streifen oben und unten ansetzen.

■ Aus grünem Stoff vier 9 cm breite Streifen schneiden und wiederum zuerst je einen Streifen an die Längskanten der Decke nähen. Die 2 anderen Streifen oben und unten anbringen, dabei in den Ecken je einen 9 cm langen violetten Streifen dazwischensetzen **(Abb. h)**.

QUILTEN UND FERTIGSTELLUNG

■ Den Stoff für die Rückseite, das Vlies und die Oberseite paßgenau übereinanderlegen und die 3 Lagen von der Mitte her heften (siehe Seite 26).

■ Danach die Decke von Hand quilten **(Abb. i)**. Das Quiltmotiv für den Rand vorher mit Zauber- oder Kreidestift aufzeichnen.

■ Wer möchte, setzt als Blickfang kleine Glasperlen in das Patchworkmuster.

■ Überstehende Ränder des Vlieses und des Rückseitenstoffes bündig zum Oberteil zurückschneiden. Dann den Quilt mit violettem Schrägstreifen einfassen (siehe Seite 28).

h

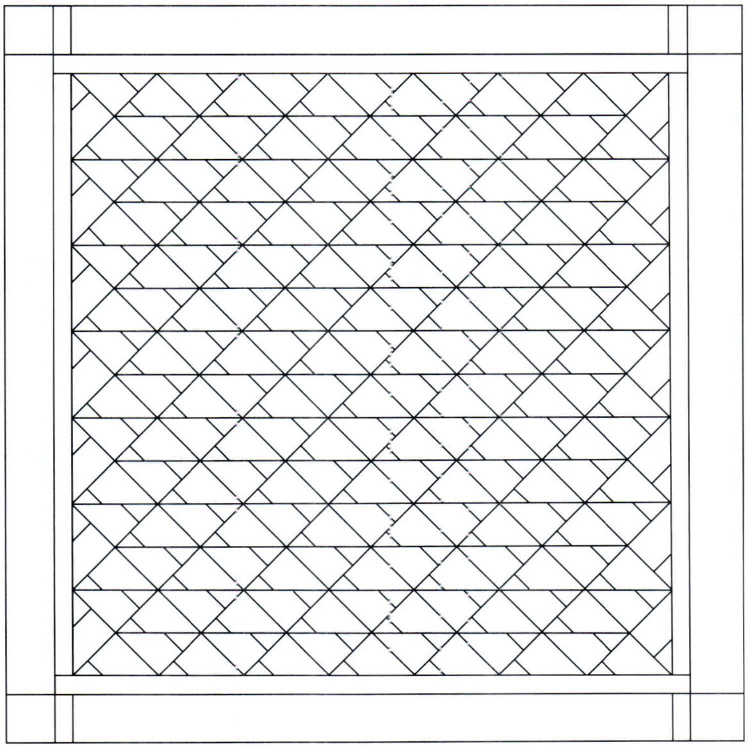

i

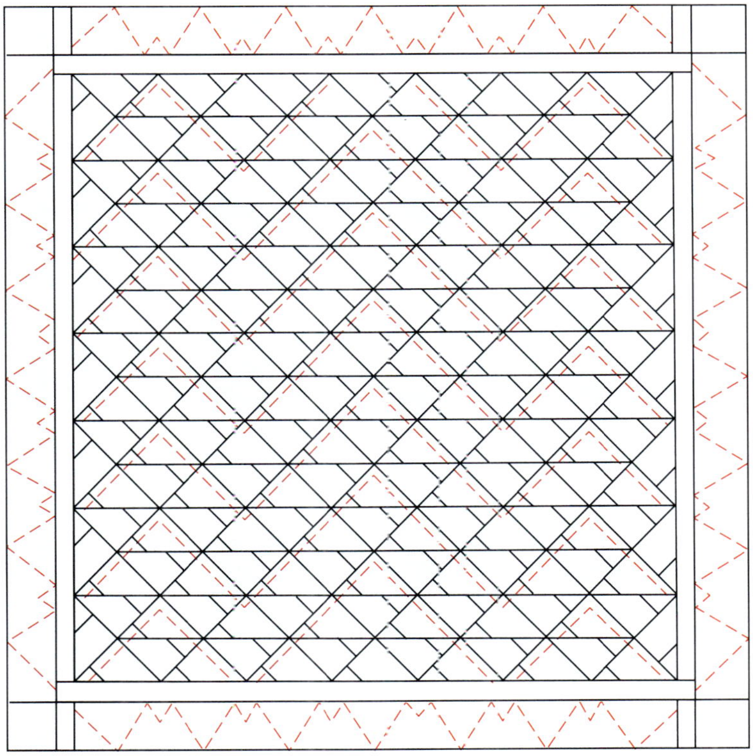

CRAZY PATCHWORK

Die enorme Bandbreite der unter dem Begriff „Crazy Patchwork" (Verrücktes Patchwork) zusammengefaßten Quilts läßt sich an zwei Beispielen verdeutlichen.

Da ist zunächst die Decke aus dem viktorianischen Zeitalter: Kostbare Stoffe wie Samt, Seide, Brokat und Satin liegen sich über-lappend auf einem Stoffgrund und sind mit aufwendigen Stickereien versehen. Ein Dekorationsstück, bei dem wertvolle Stoffreste verarbeitet wurden. Das Besondere der Arbeit: Man verzichtete bereits auf Schablonen.

Der zweite Crazy-Quilt ist typisch für die Decken, wie sie seit ein paar Jahren in Workshops entstehen: Große Stoffstücke werden hierfür in unregelmäßige Bahnen zerschnitten und zusammengenäht, dann entgegengesetzt zerschnitten, neu arrangiert und wieder zusammengenäht, ebenfalls ohne Schablonen zu Hilfe zu nehmen. Dieser Vorgang wird etwa viermal wiederholt. Die Effekte sind umwerfend, allerdings hat sich die Ausgangsgröße des Quilts durch die vielen Nähte um ein Drittel verkleinert. Ein Schmuckstück, das durch gewagte Farbkombinationen und zufällige Muster überrascht und das überdies dem Namen der Crazy-Technik im besten Sinne des Wortes zur Ehre gereicht.

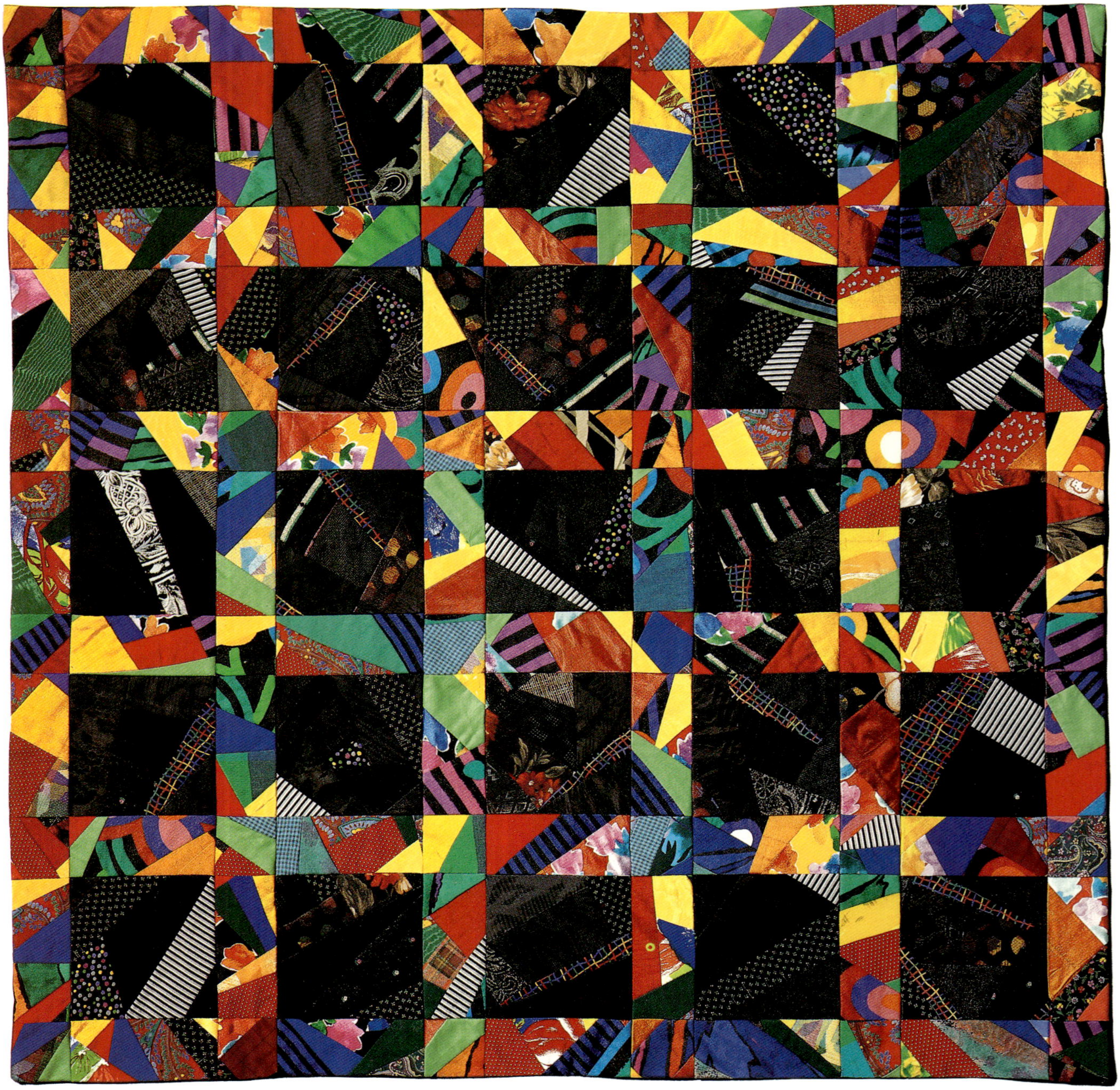

HELGA WOLF:
CRAZY – GEORDNET.
1993

CHAOS UND ORDNUNG

Unterschiedliche Stoffe lassen sich problemlos verarbeiten, wenn man sie auf ein Trägermaterial aufnäht. Die einzelnen Stoffteile können sich dadurch nicht mehr verziehen, und Sie brauchen beim Zusammennähen den Fadenlauf nicht zu beachten. Der Reiz der hier gezeigten Gestaltungstechnik liegt im spielerischen Hinlegen, Austauschen und Verschieben kleiner Stoffstücke. Trotz genauer Planung eines Quilts erlebt man beim Nähen immer wieder Überraschungen, und selbst beim Zusammenfügen der fertigen Blöcke können Sie noch Einfluß auf das Aussehen der Arbeit nehmen.

Der Quilt „Crazy - geordnet" entstand spontan, nachdem mir Freunde einige Kataloge mit Vorhang- und Möbelstoffmustern geschenkt hatten. Angeregt von den fröhlichen Farben und Formen entwarf ich ein Patchworkmotiv, das die bunten Muster hervorhebt und durch den Kontrast zu dunklen Tönen leuchten läßt. Um die zerstückelten Flächen zusammenzuhalten, wählte ich eine klare Gitterstruktur, die Ordnung in das vermeintliche Chaos aus Stoffstreifen bringt.

DAS BRAUCHEN SIE

- *Für die Oberseite helle und dunkle, bunt gemusterte Stoffreste aus Baumwolle, Viskose oder Chintz; als Trägermaterial etwa 250 cm Rastervlies.*
- *Für die Rückseite einen glatten, einfarbigen Stoff 98 x 98 cm.*
- *Hilfsmittel: Schneidelineal, Rollschneidemesser und Schneidematte, Nähmaschine, Nähgarn, Quiltgarn und die üblichen Nähutensilien.*
- *Größe: ca. 96 x 96 cm*

a

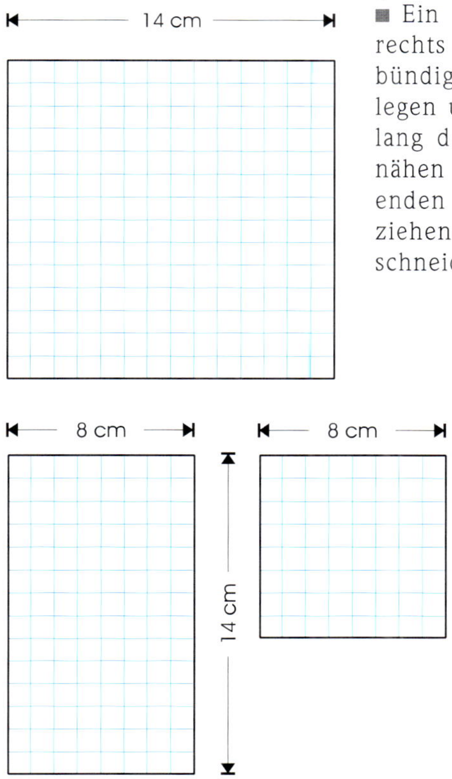

BLÖCKE ANFERTIGEN

- Zuerst die Grundformen aus Rastervlies zuschneiden: 25 Quadrate à 14 x 14 cm, 60 Rechtecke à 14 x 8 cm und 36 Quadrate à 8 x 8 cm **(Abb. a)**. In den Maßen ist die Nahtzugabe bereits enthalten.
- Dann in der „Crazy-Technik" die Teile nähen. Beginnen Sie hierbei mit einem großen Quadratblock (Seitenlänge 14 cm). Er wird aus dunklen Stoffteilen gestaltet:
- Ein Rastervliesquadrat mit der linken Seite nach oben vor sich auf den Tisch legen und ein Stückchen dunklen Stoff in der Mitte anordnen **(Abb. b)**.
- Ein zweites Stoffstück rechts auf rechts kantenbündig an das erste Teil anlegen und füßchenbreit entlang der Ansatzkanten festnähen **(Abb. c)**. Die Fadenenden auf die Vorderseite ziehen, verknoten und abschneiden.

b

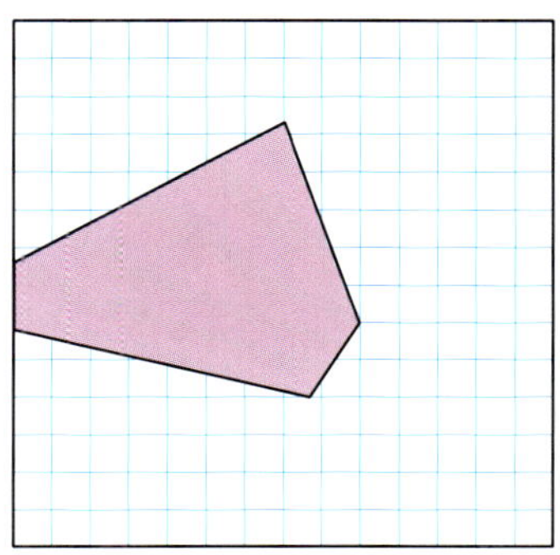

c

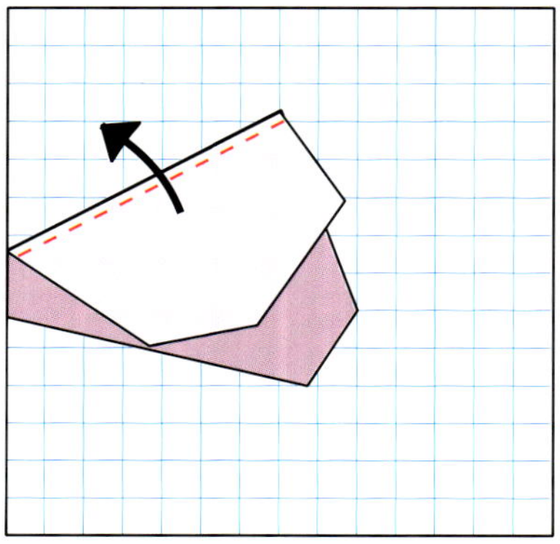

d

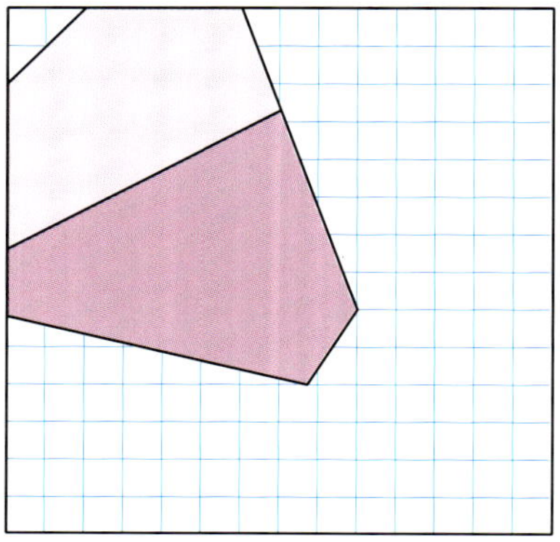

e

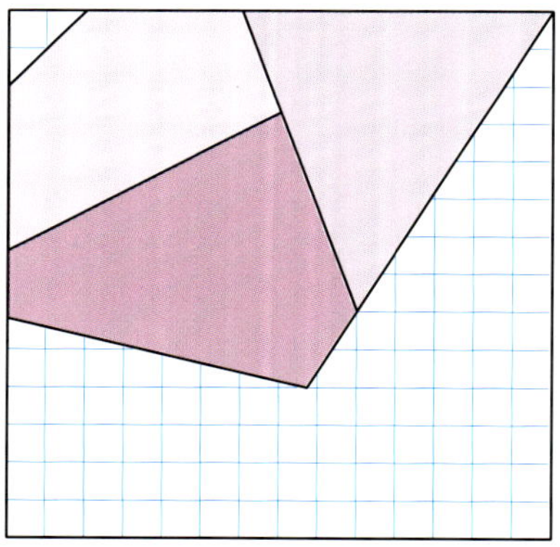

f

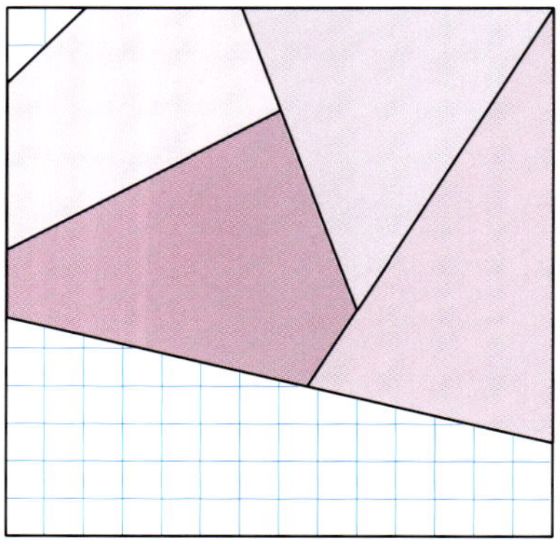

g

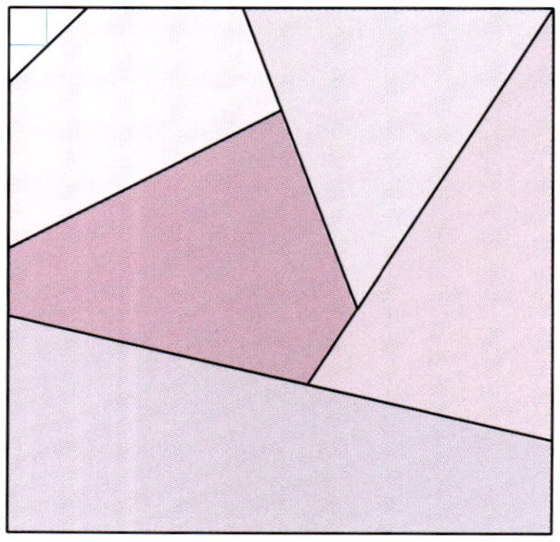

h

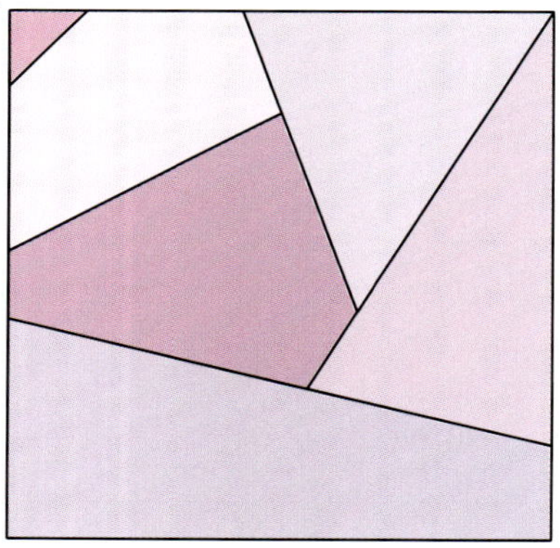

■ Das zweite Stoffteil zurückklappen und die Naht ausstreichen **(Abb. d)**.

■ Ein drittes Stoffstück an eine Verbindungskante vom ersten und zweiten Stoffteil anlegen und festnähen. Das Stoffteil ebenfalls umklappen **(Abb. e)**.

■ Weitere Stoffstücke ansetzen, bis das ganze Quadrat bedeckt ist **(Abb. f** bis **h)**.

■ Den Block an den Außenkanten sauber begradigen.

■ In dieser Technik 25 große dunkle Quadrate anfertigen. Danach die kleinen Quadrate und die Rechtecke aus den hellen, bunt gemusterten Stoffstücken nähen.

TEILE AUSLEGEN

■ Die fertigen Blöcke auf einer großen Fläche auslegen und so lange miteinander vertauschen, bis Ihnen die Anordnung gefällt (Foto Seite 72).

■ Achten Sie beim Anordnen darauf, daß die Anzahl der hellen Farbteile nach oben hin zunimmt.

■ Ein optischer Zusammenhalt der Decke entsteht, wenn Sie ähnliche Flächen so an den Kanten aneinanderstoßen lassen, daß sich Übergänge ergeben.

i

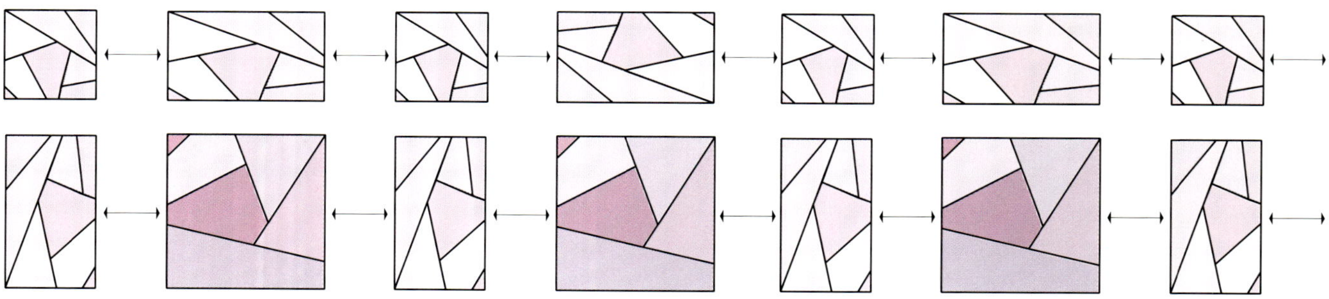

OBERSEITE ZUSAMMENFÜGEN

■ Die Blöcke in der Anordnung, in der sie ausliegen, mit 1 cm Nahtzugabe zu Reihen zusammennähen. Sie fügen abwechselnd Reihen aus 6 kleinen Quadraten und 5 Rechtecken sowie Reihen aus 5 großen Quadraten und 6 Rechtecken aneinander **(Abb. i)**. Insgesamt erhalten Sie 11 Reihen.

■ Danach werden die Reihen zur Patchworkoberseite zusammengefügt **(Abb. j, k)**.

j

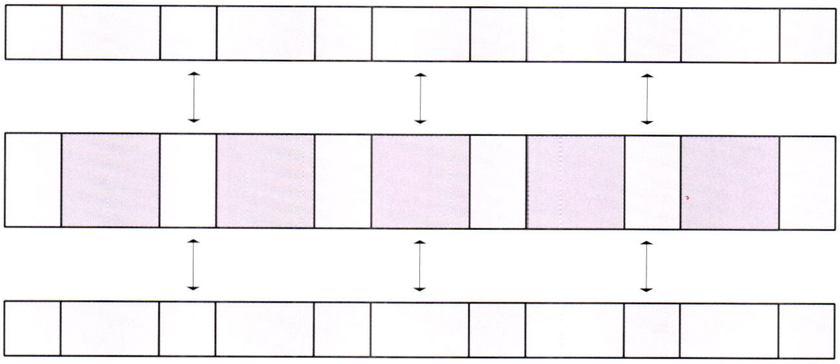

k

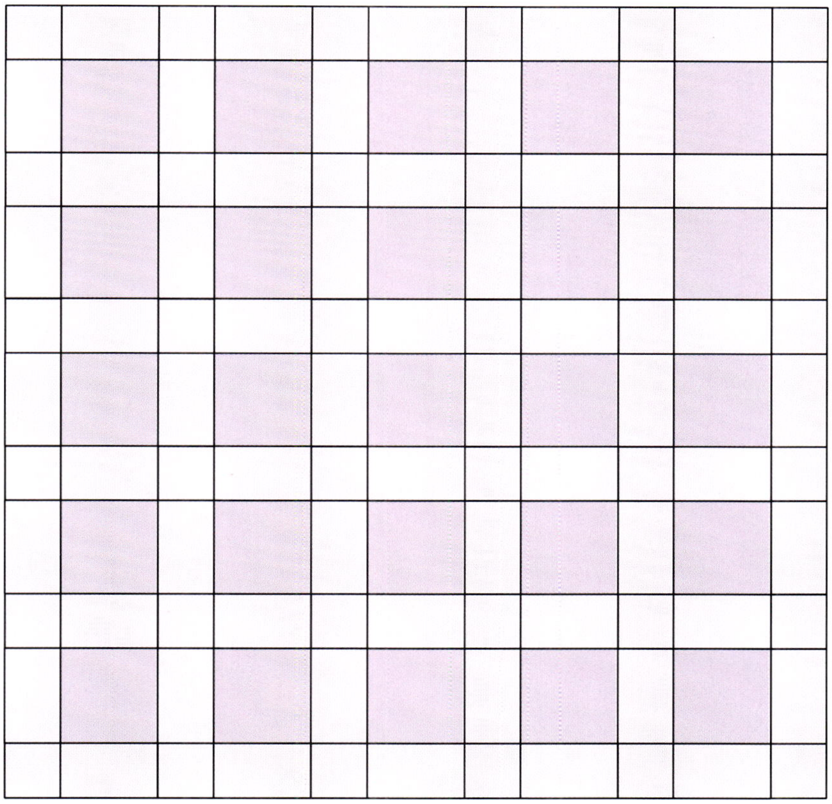

FERTIGSTELLUNG

■ Den Stoff für die Rückseite zuschneiden.

■ Wer die Decke aufhängen möchte, bringt jetzt den Tunnel an. Dazu einen Stoffstreifen von ca. 10 x 96 cm zuschneiden und an beiden Längskanten so an den Rückseitenstoff nähen, daß eine Schlaufe entsteht **(Abb. l)**.

■ Dann die Oberseite rechts auf rechts auf den Rückseitenstoff legen und beide Stofflagen an 3 Kanten zusammennähen. Die Arbeit wenden und die vierte offene Naht von Hand schließen.

■ Wenn die Decke eine Einlage aus Vies erhalten soll, schieben Sie zuvor die passend zugeschnittene Wattierung zwischen den Ober- und Rückseitenstoff, nachdem Sie die Stofflagen an 3 Kanten zusammengenäht und gewendet haben. Danach schließen Sie die vierte Naht und quilten die gesamte Decke. Nähen Sie hierfür mit der Nähmaschine oder von Hand in kleinen gleichmäßigen Quiltstichen entlang der waagerechten und senkrechten Linien des Musters (siehe Seite 27).

l

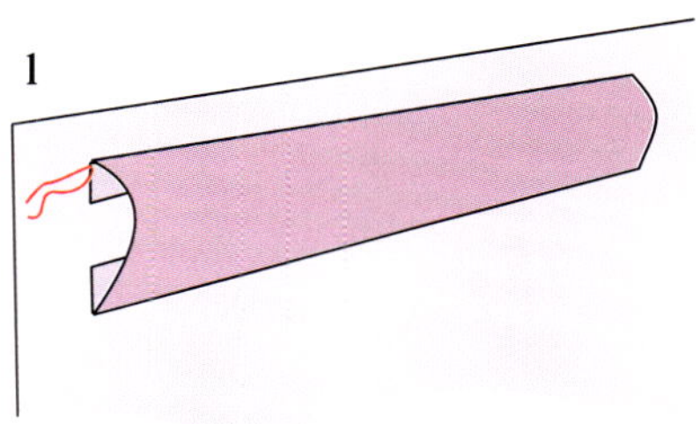

IRENE KAHMANN:
ROSEN ZUM GEBURTSTAG.
1992

CRAZY ROSEN

Das Muster entwickeln und gleichzeitig den Quilt in allen drei Lagen nähen – das ist die Besonderheit der Quilt-as-you-go-Technik. Wenn Sie dabei, trotz aller für die Crazy-Methode typischen Freizügigkeit, ein paar Regeln beim Zusammenfügen der Stoffteile einhalten, entsteht dieser wunderschöne Rosenquilt.

Einer der ersten Crazy-Rosenquilts wurde vor einigen Jahren als Gruppenarbeit für die WWF-Aktion (World Wildlife Fund for Nature) gearbeitet. In der Zwischenzeit wurden diese Rosen sehr beliebt, denn die Herstellungsmethode ist sehr einfach. Der Entwurf entsteht spontan; typisch ist das Fünfeck in der Mitte, mit dem die Arbeit begonnen wird.
Ich stelle Ihnen hier einen kleinen Wandbehang vor, den ich für eine Freundin zum Geburtstag angefertigt habe. Für die Rosen verwendete ich verschiedene Seidenstoffe, die ich größtenteils selbst einfärbte. Statt der Seide können Sie für Ihren Quilt ohne weiteres auch andere Stoffe nehmen. Wichtig ist nur die gezielte, möglichst monochrom abgestufte Farbfolge.

DAS BRAUCHEN SIE

- *Für die Oberseite Seidenstoffe in 3 Farbgruppen, je 90 cm breit:*
  10 -15 verschiedene Rottöne à 10 - 40 cm,
  5 Grautöne à 20 - 60 cm;
  5 Grüntöne à 20 - 40 cm,
  13 m dünnes Baumwollband, 2,5 cm breit.
- *180 cm Vlies zum Wattieren, 90 cm breit; 240 cm Baumwollstoff für die Rückseite, 120 cm breit.*
- *Hilfsmittel: Schere, Nähmaschine, Fensterschablone aus Karton (22 x 22 cm), evtl. Seidenmalfarben in Rot und Grün, Pinsel, Quiltgarn, Nähgarn und die üblichen Nähutensilien.*
- *Größe: ca. 126 x 126 cm*

STOFFE VORBEREITEN

- Die größte Vielfalt an Farbnuancen erhalten Sie, wenn Sie die Stoffe selbst färben. Dazu wird Seidenmalfarbe mit einem Pinsel streifenweise auf weiße Seidenstoffe aufgetragen.
- Für helle Schattierungen die Farbe mit Wasser verdünnen. Schöne Grautöne entstehen, wenn man Rot- und Grüntöne miteinander vermischt.
- Die Farben gemäß Herstellerangaben fixieren und die Stoffe nach Farbgruppen getrennt waschen.
- Zum Schluß die Seidenstoffe bügeln und sortiert nach Farb- und Helligkeitsstufen zurechtlegen.

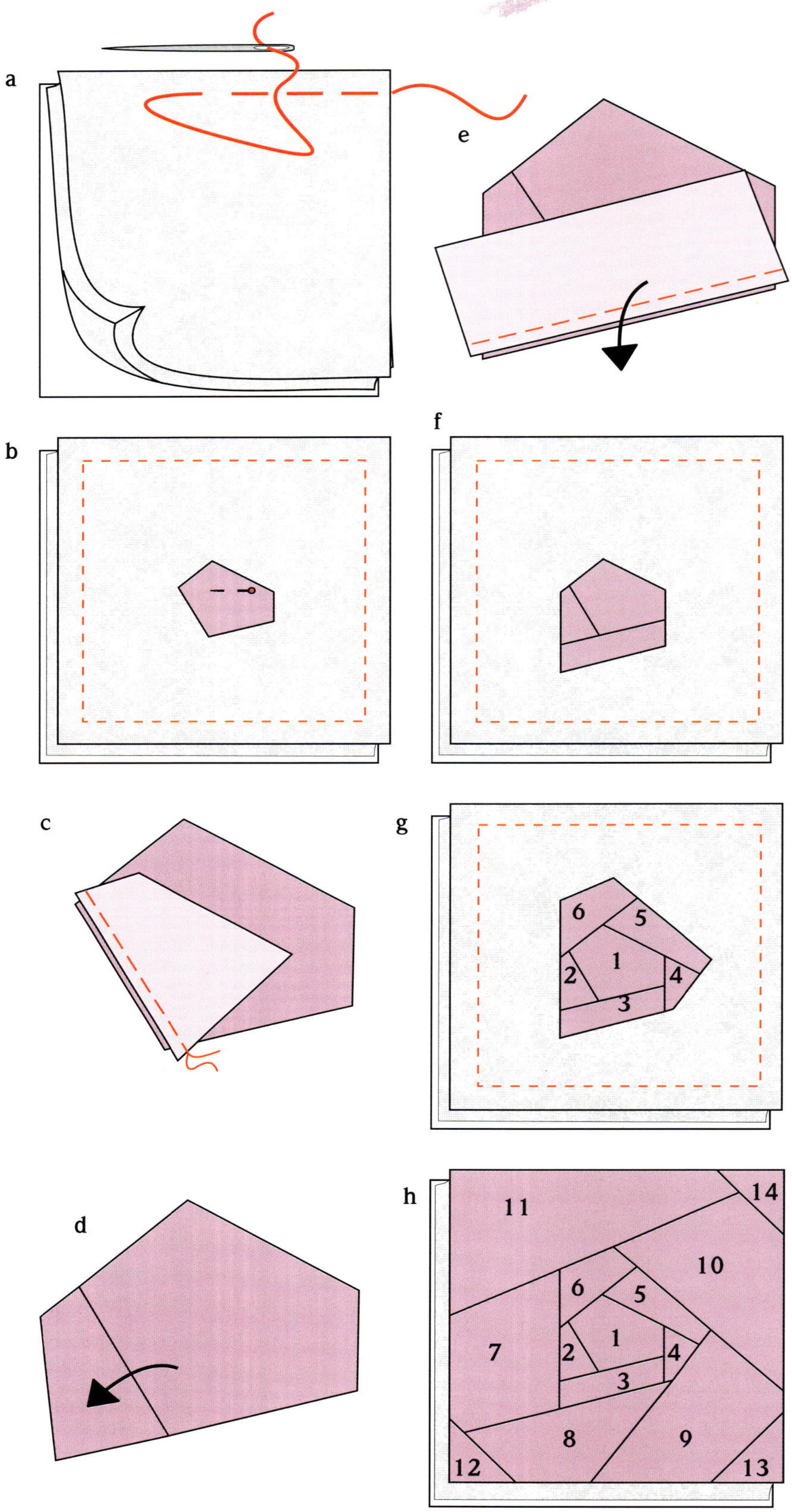

BLÖCKE ANFERTIGEN

■ Den Stoff für die Rückseite und das Vlies in jeweils 36 Quadrate mit einer Seitenlänge von 26 cm schneiden.

■ Je ein Stoff- und ein Vliesquadrat entlang der Außenkanten von Hand zusammenheften. Das Stoffquadrat liegt hierbei mit der rechten Seite nach unten **(Abb. a)**.

■ Anschließend werden die Seidenstoffe für die Oberseite der Blöcke ausgewählt. Aus jedem Quadrat entsteht eine Rosenblüte. Legen Sie die Reihenfolge der Rottöne fest, und bestimmen Sie, ob die Farbschattierungen von hell nach dunkel oder umgekehrt herum verlaufen sollen. Die Rosenblüten im Randbereich der Decke enthalten verstärkt Grau- und Grüntöne. Tip: Die inneren „Rosenblätter" lassen sich leichter vernähen, wenn Sie die hierzu verwendeten Stoffstreifen vorher in kleine Stücke schneiden.

■ Jetzt beginnt das Gestalten: Für das Mittelteil ein rotes Fünfeck einschließlich Nahtzugabe zuschneiden und in der Mitte des Vliesquadrats mit einer Stecknadel fixieren **(Abb. b)**.

■ Ein zweites Stoffstück rechts auf rechts auf das erste Teil legen (an einer Kante bündig) und feststecken. Das Stoffstück entlang der Ansatzkante füßchenbreit durch alle vier Lagen hindurch festnähen. Die Fadenenden auf die Vorderseite ziehen, verknoten und abschneiden **(Abb. c)**.

■ Das zweite Stoffteil zurückklappen und die Naht ausstreichen. Wichtig: Die seitlichen Kanten der beiden Teile sollen jeweils eine gerade Linie bilden. Die Kanten eventuell mit der Schere zurechtschneiden **(Abb. d)**.

■ Das dritte Stoffstück bündig auf eine Verbindungskante vom ersten und zweiten Stoffteil anlegen und festnähen **(Abb. e)**. Die seitlichen Kanten des dritten Stoffstückes bilden nach dem Herumklappen wiederum eine gerade Linie mit den seitlichen Kanten der ersten beiden Teile **(Abb. f)**.

■ In der gleichen Art und Richtung fortlaufend nach und nach weitere Teile annähen **(Abb. g)**. Pro Runde möglichst nur Stoffe einer Farbnuance verwenden.

■ Die Arbeit so lange fortsetzen, bis das ganze Quadrat bedeckt ist **(Abb. h)**. Nach außen hin werden die Stoffteile größer. Die Heftfäden entfernen.

■ Mit einer Fensterschablone in den Maßen 22 x 22 cm den schönsten Ausschnitt der Rose heraussuchen. Mit einem Bleistift am Innenrand der Schablone entlangzeichnen und den Block ausschneiden.

■ Sie benötigen insgesamt 36 Blöcke.

i

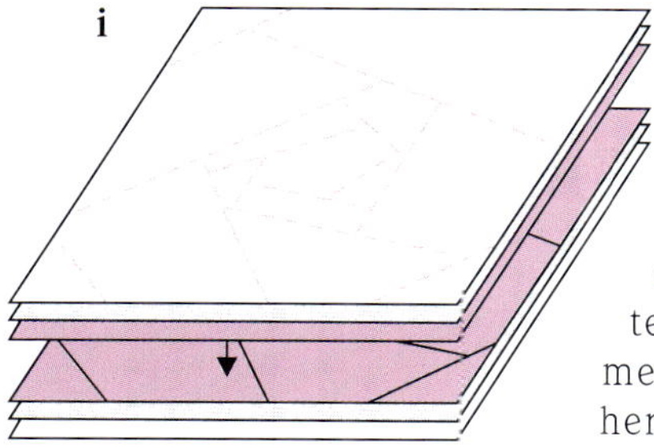

OBERSEITE ZUSAMMENSETZEN

■ Alle Blöcke auf einer großen Fläche auslegen und ihre Plätze so lange miteinander vertauschen, bis die Anordnung harmonisch wirkt.

■ Jeweils 6 Blöcke zu einer Reihe zusammennähen. Dazu die ersten zwei Blöcke rechts auf rechts aufeinanderlegen **(Abb. i)**. Einen Streifen Baumwollband in der Länge einer Blockseite zuschneiden, auf die Nahtkante legen, feststecken und mit der Nähmaschine füßchenbreit annähen **(Abb. j)**.

■ Die Blöcke auseinanderklappen und mit der rechten Seite nach unten auslegen. Die Nahtzugabe zu einer Seite bügeln und das Baumwollband glatt darüberziehen und ebenfalls bügeln. Das Band 5 mm einklappen und mit großen Stichen anheften **(Abb. k)**.

■ Den nächsten Block anfügen, bis eine Reihe von 6 Blöcken entstanden ist. Dann die gehefteten Nähte von Hand ansäumen. Auf diese Weise 6 Reihen anfertigen.

■ Anschließend Bänder in der Länge der Reihen zuschneiden und die 6 Reihen aneinanderfügen.

FERTIGSTELLUNG

■ Für die Einfassung graue Stoffstücke zu 5 cm breiten Streifen zusammennähen. Insgesamt 4 Streifen von jeweils 130 cm anfertigen.

■ Den Quilt mit den Streifen einfassen (siehe Seite 28) und mit Namen und Herstellungsjahr kennzeichnen.

j

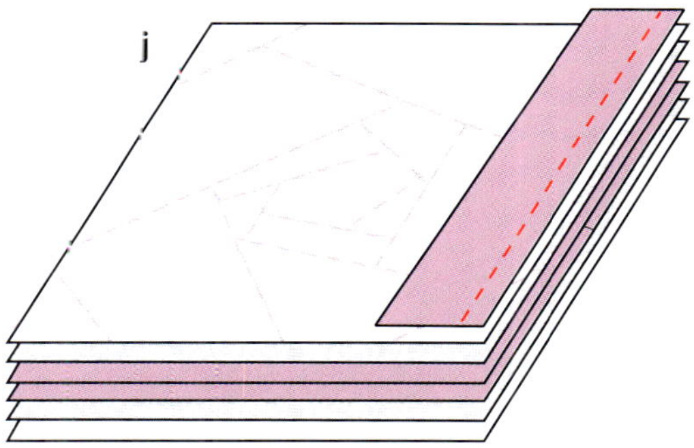

k

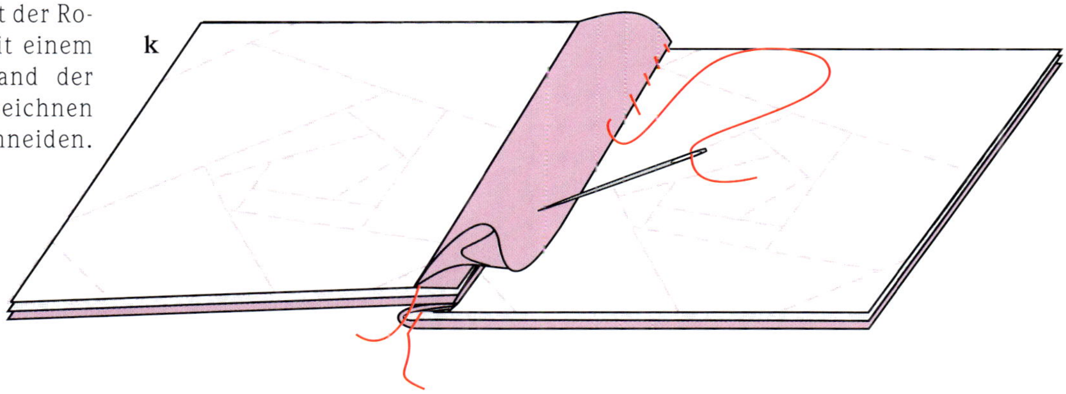

DIE KUNST DES ZUFALLS

Diese Art, einen Quilt zu nähen, wird all jenen Spaß machen, die den Stoff nicht millimetergenau mit Schablonen zuschneiden möchten. Statt dessen spielt hier der Zufall eine wichtige Rolle: Durch mehrfaches Zerschneiden und wieder Zusammenfügen einzelner Stoffteile entstehen neue Motive mit vielgestaltigen Formen.

Der Reiz der Patchworkdecke liegt in ihrem freien Spiel der Farben. Obwohl weder Himmel noch Wasser, geschweige denn Eisschollen erkennbar sind, erinnert das Bild entfernt an die großartige Landschaft der Polarregion. Dieser Eindruck entsteht durch die versetzt angeordneten Stoffstreifen. Nach der hier von mir vorgestellten Crazy-Methode lassen sich aber auch eigene Entwürfe schnell und einfach realisieren. Gut umzusetzen sind beispielsweise Motive wie „Frühlingsimpressionen", Quilt „Mediterranée" oder „Sommernachtstraum".

RUTH SCHÄFERS:
POLARMEER.
1992

DAS BRAUCHEN SIE

- *Für die Oberseite eine große Auswahl einfarbiger und kleingemusterter Stoffe aus Baumwolle, Seide, Leinen und Satin in mindestens jeweils 12 unterschiedlichen Blau- und Türkistönen, die Stoffbreite beträgt 50 cm; 60 x 140 cm dunkelblauen Baumwollstoff für den Rand, 5 m hellgrauen Schrägstreifen zum Einfassen, 5 cm breit.*
- *140 cm Vlies zum Wattieren, 120 cm breit; 140 cm blaugrauen Baumwollstoff für die Rückseite, 120 cm breit.*
- *Hilfsmittel: Lineal, Rollschneidemesser und Schneidematte (oder Schere), evtl. Textilfarben in Blau und Türkis, Nähmaschine, Baumwollnähgarn, Quiltfaden sowie die üblichen Nähutensilien*
- *Größe: ca. 97 x 138 cm*

STOFFE VORBEREITEN

- Um möglichst viele verschiedene Blau- und Türkistöne zur Verfügung zu haben, kann man die Stoffe in 2 Farbbädern in der Waschmaschine färben oder überfärben.
- Anschließend die Farben gemäß der Herstellerangabe fixieren und die Stoffe getrennt waschen.
- Die Stoffe bügeln und nach beiden Farbgruppen sortiert zurechtlegen.

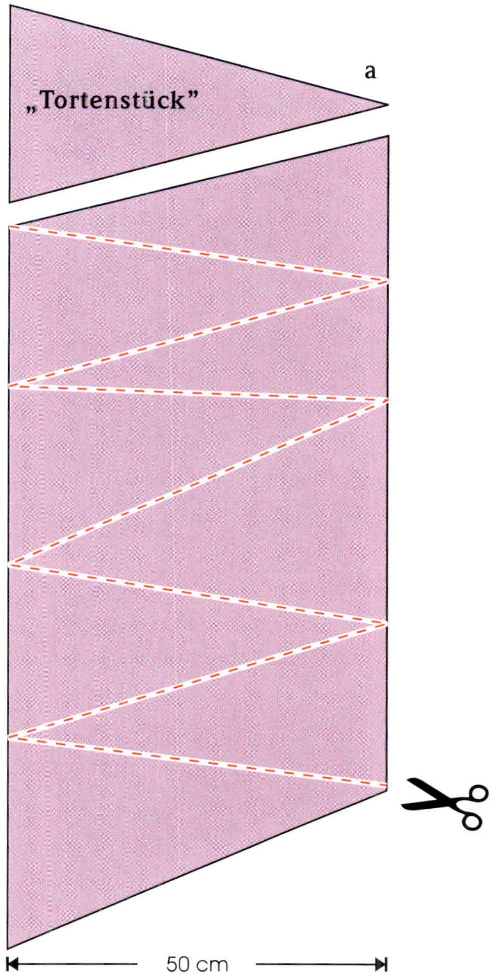

GRUNDTEILE ANFERTIGEN

- Die vorbereiteten Stoffe in sogenannte „Tortenstücke" schneiden **(Abb.a)**. Die Stükke dürfen unterschiedlich groß sein, sie sollten jedoch über die ganze Breite der Stoffstreifen reichen.
- Die zugeschnittenen Teile beider Farbgruppen, nach Helligkeitsstufen geordnet,

b

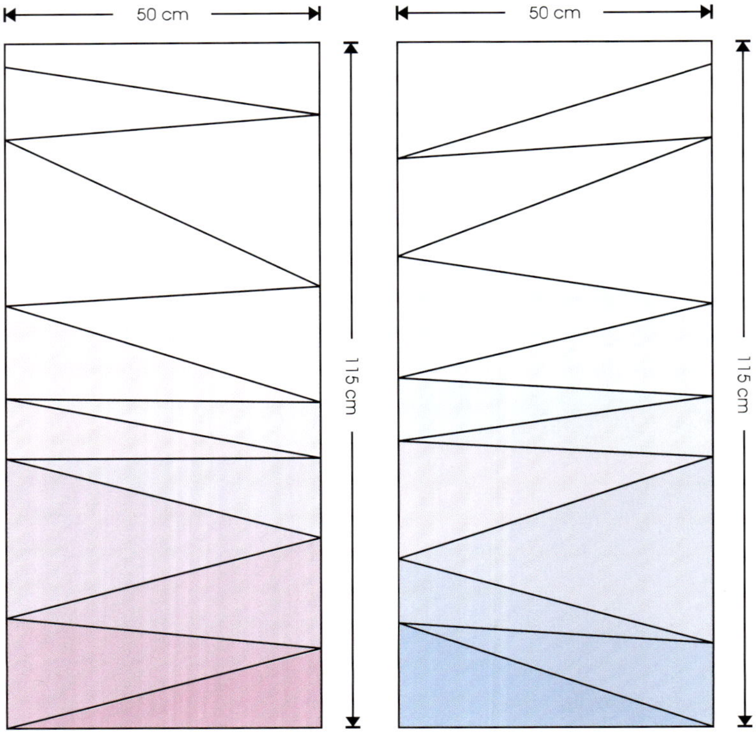

c

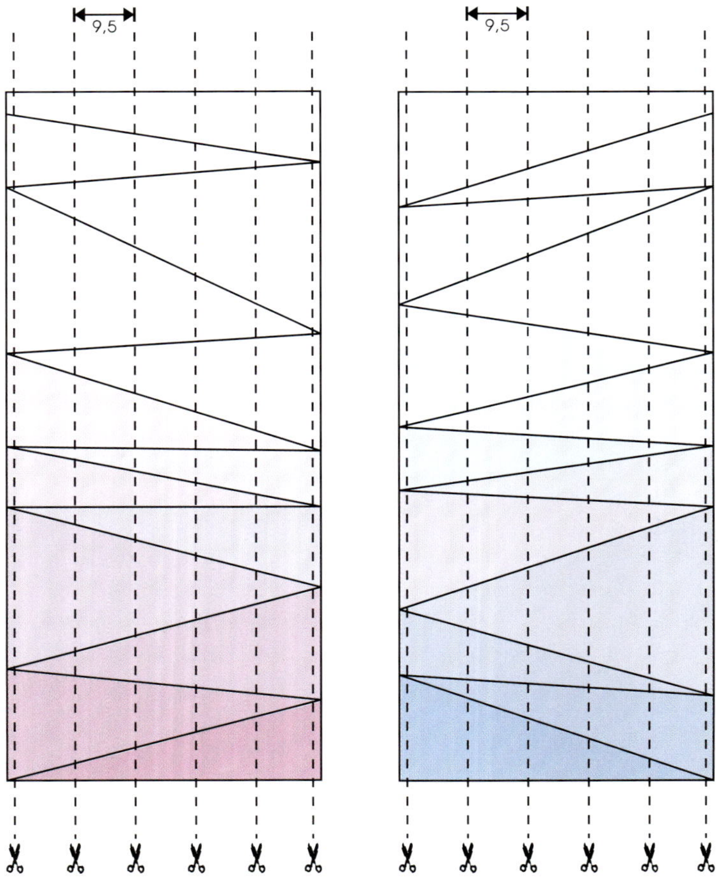

zu je einem Motiv zusammenlegen, das in groben Zügen an eine Landschaft erinnert.

■ Sie erhalten also ein blaues und ein türkisfarbenes Stoffbild.

■ Danach die „Tortenstücke" in der ausgelegten Reihenfolge zu 2 Grundteilen zusammennähen **(Abb. b)**. Die Nahtzugabe beträgt ungefähr 7 mm. Jedes Teil ist etwa 115 x 50 cm groß.

■ Die Nahtzugaben in eine Richtung bügeln.

OBERSEITE NÄHEN

■ Aus den beiden Grundteilen senkrechte Streifen in einer Breite von 9,5 cm schneiden **(Abb. c)**.

■ Danach abwechselnd blaue und türkisfarbene Streifen zu einem neuen Patchworkteil zusammenlegen **(Abb. d)**. Ein entgegen den Verlauf der Helligkeitswerte angeordneter Streifen bringt Spannung in das Motiv.

■ Die Streifen zusammennähen und die Nahtzugaben zu einer Seite bügeln.

■ Für den Rand den dunkelblauen Baumwollstoff in vier 12,5 cm breite Streifen schneiden. Zuerst je einen Streifen an die Längskanten der Patchworkarbeit nähen, dabei überstehende Streifenenden abschneiden. Dann die beiden anderen Streifen oben und unten ansetzen **(Abb. e)**.

QUILTEN UND FERTIGSTELLUNG

- Die Oberseite, das Vlies und die Rückseite übereinanderlegen und von der Mitte aus sternförmig heften (siehe Seite 26).
- Anschließend das Quiltmotiv mit Zauber- oder Kreidestift auf die Decke aufzeichnen **(Abb. f)**. Mit der Nähmaschine die Arbeit entlang der Linien steppen.
- Überstehende Ränder des Vlieses und des Rückseitenstoffes bis zum dunkelblauen Rand zurückschneiden.
- Dann den Quilt mit dem hellgrauen Schrägstreifen einfassen (siehe Seite 28) und eventuell einen Aufhängetunnel anbringen.

f

d

e

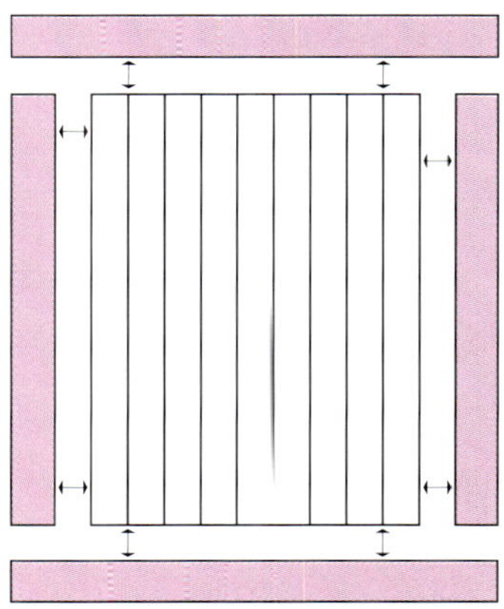

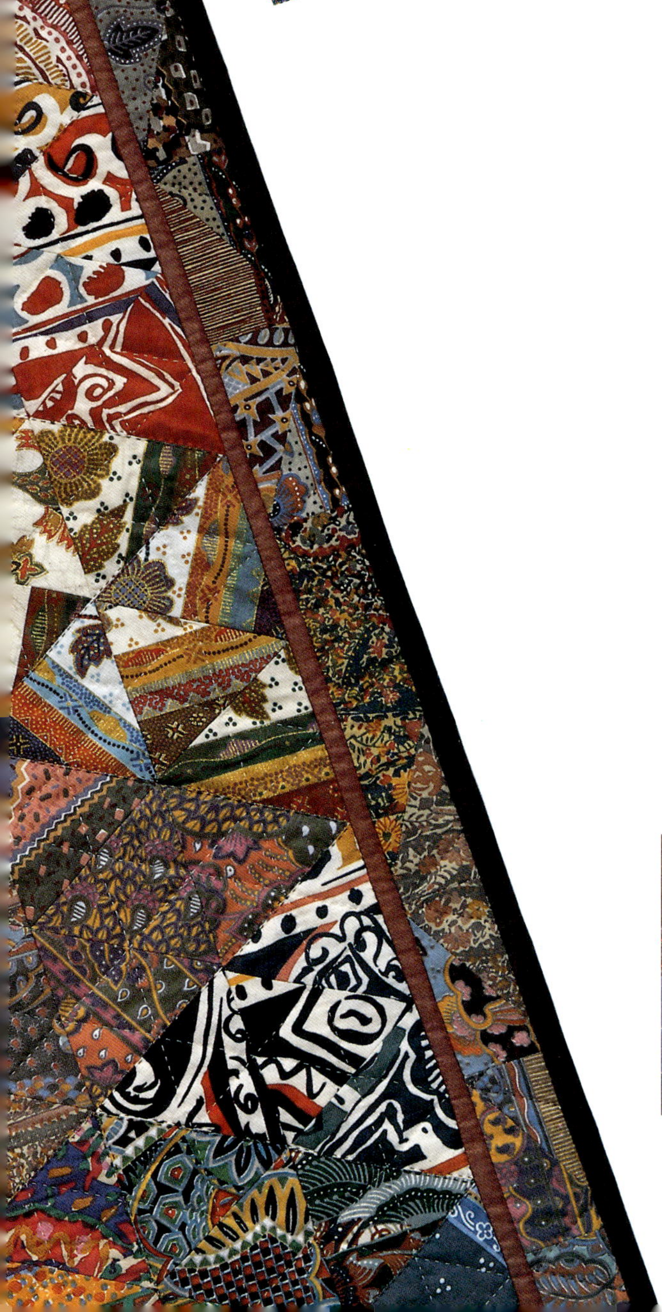

Scrap-Quilts

Das Wort „Scrap” bedeutet für Patchworkerinnen kleines Reststück eines zumeist gebrauchten Stoffes. Die klassischen Scrap-Quilts der Vergangenheit entstanden aus der Not heraus. Nordamerikanische Pionierfrauen verwendeten für sie ihren Vorrat aus aufgetrennten Kleidungs- und Wäschestücken. Erst als sich die wirtschaftliche Lage der Frauen verbesserte, konnten sie auch neue Stoffe dazukaufen. Das war der Beginn einer großen Sammelleidenschaft, die von ihrer Faszination bis heute nichts verloren hat.
Schränke und Truhen einer modernen Patchworkerin sind gefüllt mit Stoffschätzen aller Art. Beinahe zu jedem selbstgenähten Quilt bleiben kleine Reste nicht benötigter Stoffstücke übrig. Aus diesem großen Vorrat ist es ein Genuß, zueinander passende Kombinationen aus einfarbigen und bedruckten, karierten und gestreiften Stoffen zusammenzustellen. Scrap-Quilts sind daher wie Bilderbücher oder Poesiealben: Viele der in ihnen verarbeiteten Stoffstücke enthalten liebgewonnene Erinnerungen. Für einen Entwurf wählt man am besten möglichst einfache Grundmuster wie zum Beispiel „Neun-Patches”, Dreiecke, Rechtecke oder Quadrate.

CORNELIA FALK:
PARADIES.
1993

PYRAMIDEN - GROSSGEMUSTERT

Das klassische Motiv „Tausend Pyramiden", das die Grundlage für die Patchworkdecke „Paradies" bildet, eignet sich gut für Scrap-Quilts. Je mehr verschiedene Stoffstücke Sie verwenden, um so interessanter wirkt die Flächenstruktur der Sichtseite. Ordnen Sie zuvor Ihre Stoffe nach Farbwerten in helle, mittlere und dunkle Stapel, ohne Rücksicht auf die Farben zu nehmen. Am besten lassen sich Helligkeitsstufen unterscheiden, wenn man die Augen etwas zusammenkneift oder die Stoffe aus einer größeren Entfernung heraus betrachtet.

Angeregt zu diesem Quilt wurde ich durch die „Colourwash"-Arbeiten der englischen Quiltkünstlerin Deirdre Amsden. Das Motiv, das sich durch kleine aneinandergesetzte Dreiecke ergibt, schien mir gut geeignet, um eine Vielfalt unterschiedlicher Stoffe zu einer harmonischen Einheit zusammenzufügen. Durch Variieren der Stoffmuster und Farben sowie der Größe der Dreiecke können Sie Aussehen und Umfang des Quilts ganz nach Ihrem Geschmack verändern.

DAS BRAUCHEN SIE

- *Für die Oberseite 70 in Farbe und Muster zueinander passende Stoffreste à 10 x 25 cm; für den Innenrand 9 cm Baumwollstoff, 120 cm breit; für die Einfassung 20 cm Baumwollstoff, 120 cm breit.*
- *100 cm Vlies zum Wattieren, 120 cm breit; 150 cm Baumwollstoff für die Rückseite und den Aufhängetunnel, 120 cm breit.*
- *Hilfsmittel: Dreieckschablone (10 cm hoch) oder Lineal mit 60° Einteilung, Rollschneidemeser und Schneidematte, Nähmaschine, Nähgarn, Quiltgarn und die üblichen Nähutensilien.*
- *Größe: ca. 104 x 100 cm*

TEILE ZUSCHNEIDEN UND ANORDNEN

- Zuerst 70 Stoffstücke von 10 x 25 cm zuschneiden und dann mit Hilfe der Dreieckschablone oder dem Lineal gleichseitige Dreiecke ausschneiden. Es entstehen 3 ganze und 2 „halbe" Dreiecke pro Streifen **(Abb. a)**.
- Sie können sich auch aus stabiler Plastikfolie oder aus festem Karton eine Schablone in den angegebenen Maßen anfertigen.
- Wichtig: Schneiden Sie die Hälfte aller Stoffe spiegelbildlich zu, damit Sie die gleiche Anzahl zueinander passender Dreiecke erhalten.
- Für den Quilt werden 209 ganze und 106 halbe Dreiekke benötigt.
- Außerdem brauchen Sie für die Ecken 4 diagonal geteilte Quadrate. Hierfür 4 quadratische Stoffteile von 7 cm Seitenlänge zuschneiden und in der Mitte einmal diagonal teilen.
- Das innere Patchworkteil des Quilts besteht aus 11 Reihen mit je 19 Dreiecken. Anfang und Ende einer jeden Reihe werden von einem halben Dreieck gebildet.
- Für die 4 Randstreifen legen Sie jeweils 2 halbe Dreiecke zu einem Rechteck

a

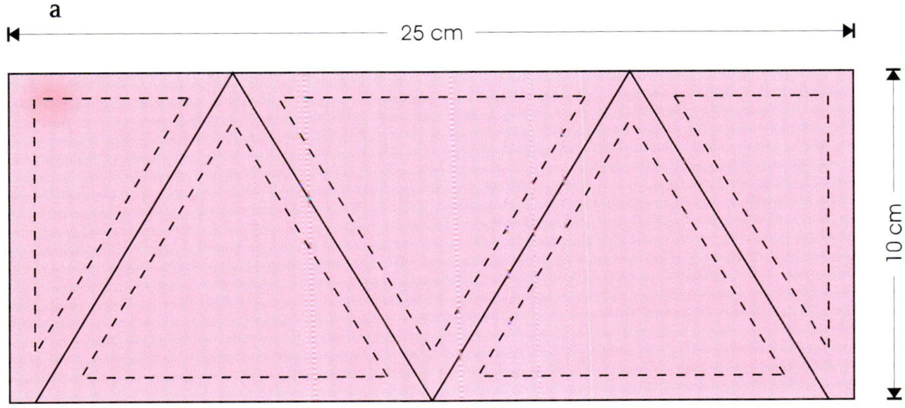

b

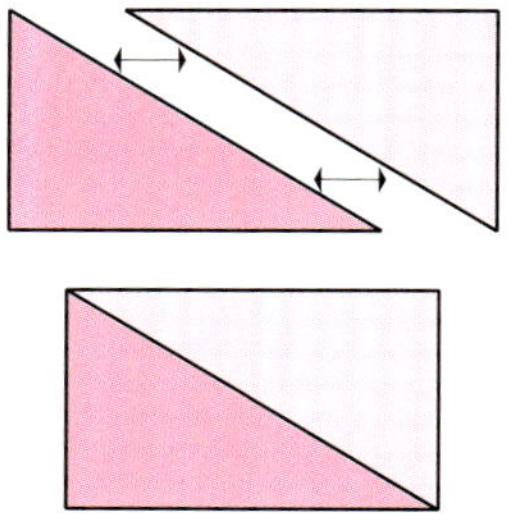

c

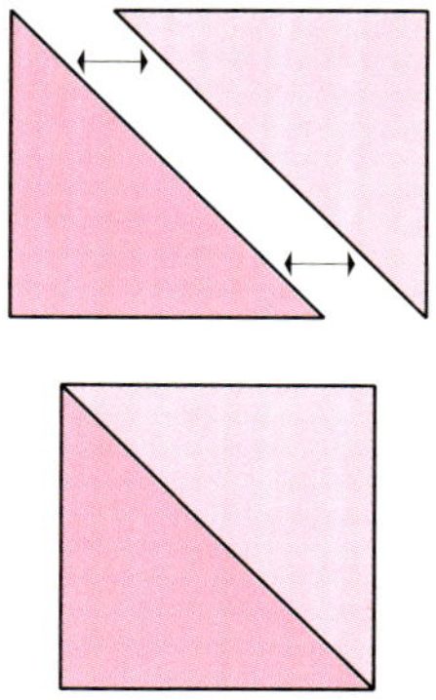

d

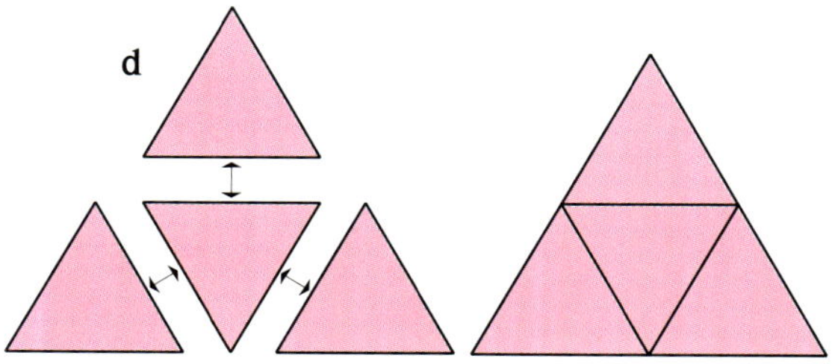

e

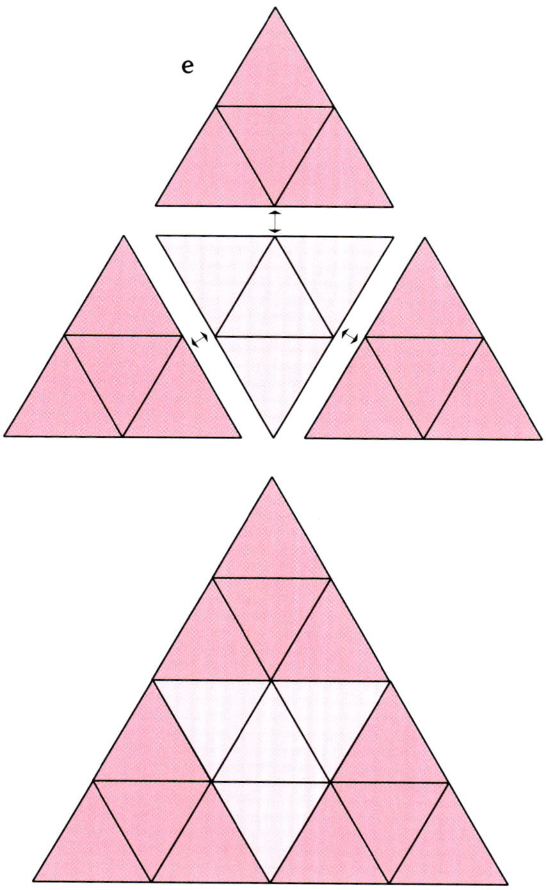

zusammen **(Abb. b)**. Sie benötigen 2 Streifen aus 11 Rechtecken und 2 Streifen aus 10 Rechtecken.

■ Die Quadrate für die Ecken ebenfalls aus je 2 farblich passenden Hälften dazuordnen **(Abb. c)**.

■ Legen Sie die Dreiecke, wie auf dem Foto auf Seite 86 zu sehen, zu einer farblich harmonischen Deckenoberseite aus. Den „Colourwash"-Effekt – also das Ineinanderfließen der Farben und Formen – erzielen Sie, wenn Sie harte Kontraste vermeiden und statt dessen die Dreiecke in weichen Farbübergängen anordnen.

Patchworkteil zusammennähen

■ Nähen Sie die Dreiecke in der ausgelegten Reihenfolge zusammen. Damit die malerische Farbwirkung erhalten bleibt, wird das Patchworkteil nicht in Reihen aus Einzeldreiecken zusammengenäht (sie wären später optisch störend, sondern man bildet zuerst Grundeinheiten aus dreieckigen Blöcken, die anschließend aneinandergefügt werden.

■ Für einen Block zunächst 4 Dreiecke zu einem dreieckigen Element zusammennähen **(Abb. d)**.

■ 4 dieser dreieckigen Elemente anfertigen und zu einem großen Block zusammenfügen **(Abb. e)**.

■ Die Blöcke aneinandernähen und am Rand mit unvollständigen Blöcken zu einem rechteckigen Patchworkteil ergänzen **(Abb. f)**.

Ränder ansetzen

■ Für jeden der beiden seitlichen Ränder 22 halbe Dreiecke zu 11 Rechtecken zusammenähen und diese dann zu einem Patchworkband aneinanderfügen.

■ An die Innenseiten der Bänder je einen 2,25 cm breiten Stoffstreifen nähen. Die Nahtzugabe zu den Bändern hin bügeln.

■ Anschließend die seitlichen Ränder an das Patchworkteil ansetzen **(Abb. g)**. Diesmal die Nahtzugabe zum schmalen Innenrand hin bügeln, damit er plastisch hervortritt.

■ Für den oberen und unteren Rand je 20 halbe Dreiecke zu 10 Rechtecken zusammenähen. Die Länge der Rechtecke stimmt nicht ganz mit der Kantenlänge der Dreiecke des Patchworkteils überein. Indem Sie die Breite der Nahtzugabe an der Diagonalseite etwas verringern, gleichen Sie die Länge der Rechtecke an die Kantenlänge der Dreiecke an.

■ An die Enden der Bänder aus Rechtecken je zwei 6 cm lange und 2,25 cm breite Stoffstreifen nähen.

■ Die Quadrate aneinanderfügen und ebenfalls ansetzen **(Abb. g)**.

■ Zwei 2,25 cm breite Stoffstreifen in der Länge der Ränder zuschneiden und an die Innenseiten nähen.

■ Anschließend die fertigen Ränder oben und unten an das Patchworkteil ansetzen und die Nahtzugaben zum Innenrand hin bügeln.

g

Quilten und Fertigstellung

- Den Stoff für die Rückseite, das Vlies und die Oberseite paßgenau übereinanderlegen und zusammenheften (siehe Seite 26).
- Anschließend ein Gitternetz aus schrägen und waagerechten Quiltnähten über das Patchworkteil legen, also in allen drei Hauptrichtungen **(Abb. h)**. Sie nähen jeweils durch die Mitte der Dreiecksseiten.
- Zusätzlich wird an den Nähten farblich zueinander passender Dreiecksblöcke entlanggequiltet. Diese Quiltlinien fallen bei jedem Entwurf anders aus.
- Danach quilten Sie den Rand in dem Muster entsprechenden Zickzacklinien.
- Überstehende Ränder des Vlieses und des Rückseitenstoffes mit dem Rollschneidemesser zurückschneiden.
- Den Quilt mit 5 cm breiten Stoffstreifen einfassen (siehe Seite 28) und mit einem Aufhängetunnel versehen.

f

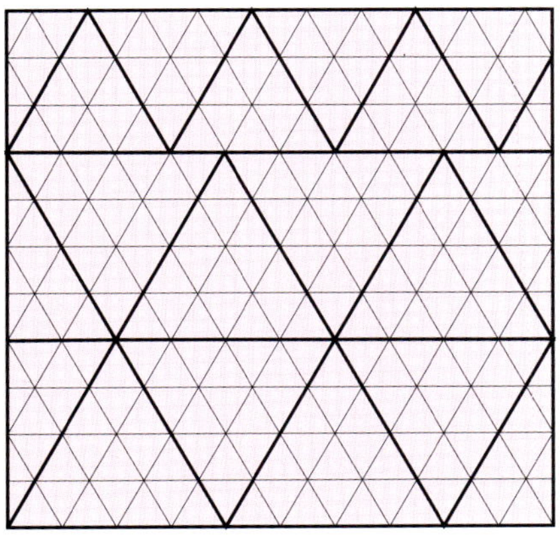

h

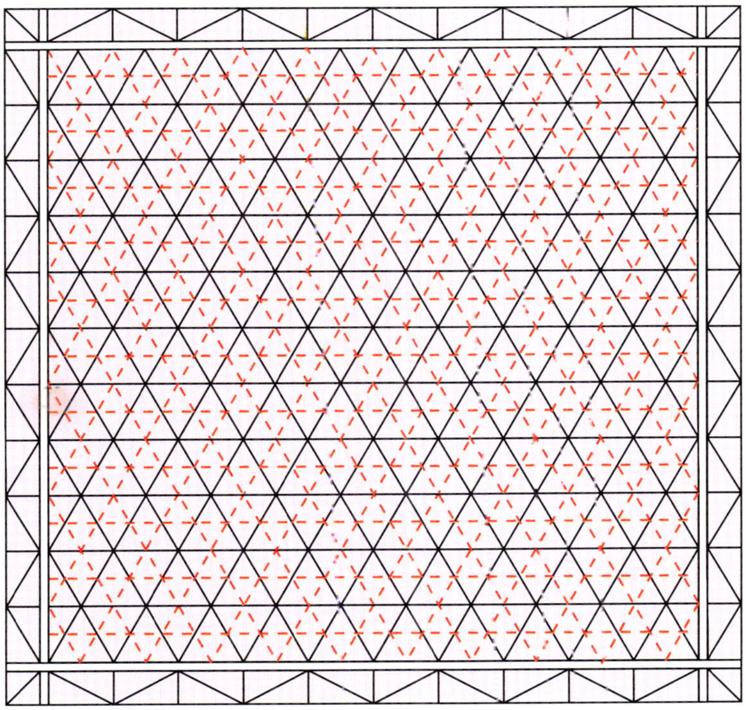

KUNST AUS RESTEN

Dieser Quilt besteht aus 936 unterschiedlichen Stoffteilchen. Er bietet eifrigen Patchworkerinnen eine gute Gelegenheit, ihren großen Bestand an Stoffresten zu verkleinern.
Wer nicht so viele Reste besitzt, kann den Quilt auch zusammen mit anderen Patchworkerinnen anfertigen. Aus mehreren verschiedenen Stoffsammlungen entstehen oft interessante Farb- und Musterkombinationen, die der Decke ihre individuelle Note verleihen.

Bei einer Gruppenarbeit ist es wichtig, auch die Nählinien auf den Stoff zu übertragen. Nur so ist gewährleistet, daß die vielen kleinen Teile später an den Verbindungspunkten genau zusammenpassen.
Übrigens: Aus dem Grundblock dieses Quilts aus 18 Dreiecken lassen sich – außer einem Stern – auch noch andere schöne Motive gestalten. Probieren Sie es aus, indem Sie die zusammengenähten Elemente mehrmals auf unterschiedliche Weise anordnen.

GRÖBENZELLER QUILTGRUPPE, IRENE KAHMANN (LEITUNG): VIELFARBIGER STERN. 1991

DAS BRAUCHEN SIE

- *Für die Oberseite eine große Auswahl einfarbiger und gemusterter Baumwollstoffe, möglichst zu gleichen Teilen in hellen, mittleren und dunklen Farbtönen gehalten. Sie benötigen insgesamt 468 Quadrate mit einer Seitenlänge von 7,5 x 7,5 cm. Für den Rand 100 cm farblich passenden Baumwollstoff, 90 cm breit; für die Einfassung ca. 100 cm dunklen Baumwollstoff, 90 cm breit.*
- *150 cm Vlies zum Wattieren, 120 cm breit; 150 cm Baumwollstoff für die Rückseite, 120 cm breit.*
- *Hilfsmittel: Bleistift, Lineal, 1 Bogen stabile Plastikfolie, Rollschneidemesser und Schneidematte, Nähmaschine, Nähgarn, Quiltgarn und die üblichen Nähutensilien.*
- *Größe: ca. 120 x 150 cm*

SCHABLONE ANFERTIGEN

- Eine dreieckige Fensterschablone aus der Vorlagenzeichnung **(Abb. a)** auf stabile Plastikfolie übertragen und ausschneiden.
- Der äußere und innere Rand der Schablone entspricht der Nahtzugabe.

DREIECKE ZUSCHNEIDEN

- Die Schablone im rechten Winkel zum Fadenlauf auf die linke Stoffseite legen und mit Bleistift die Innen- und Außenlinien umfahren.
- Sie können aber auch mit dem Rollschneidemesser Quadrate von 7,5 cm Seitenlänge ausschneiden und diagonal in jeweils 2 Dreiecke teilen.
- Sie benötigen pro Block 6 helle, 6 mittlere und 6 dunkle Stoffdreiecke. Insgesamt besteht der Quilt aus 936 Dreiecken.

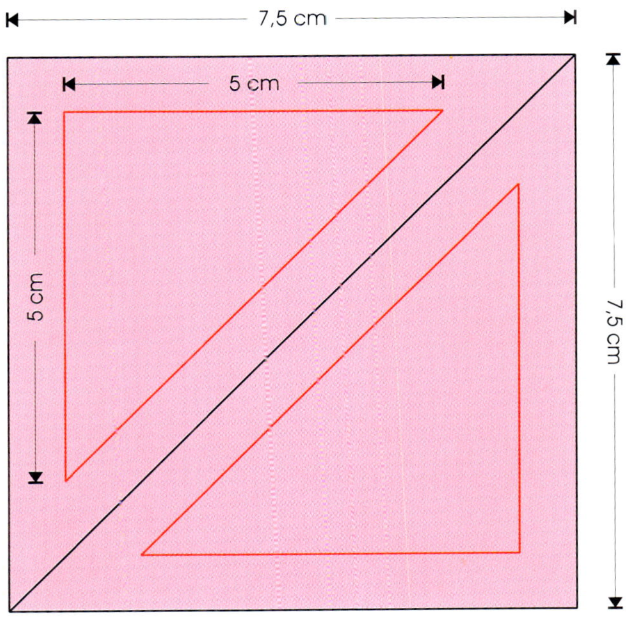

a

b

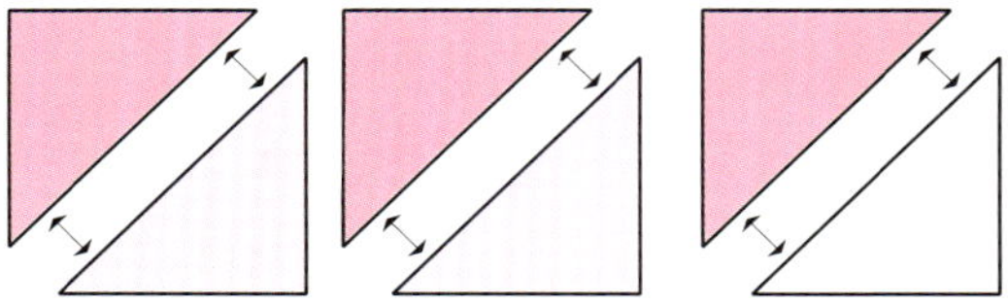

c

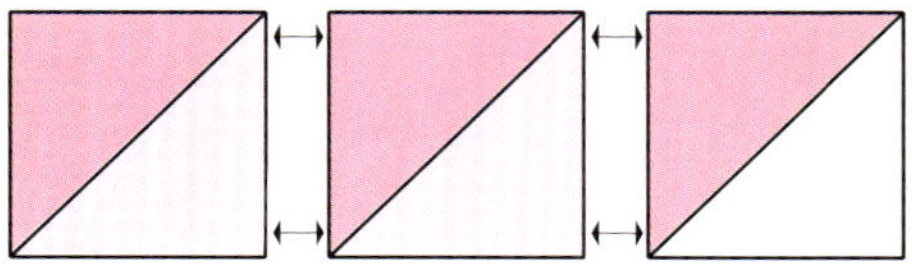

d

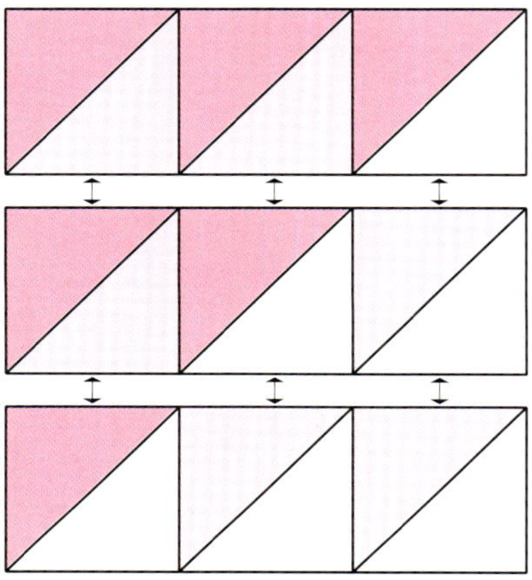

e

f

Einen Block nähen

■ Ordnen Sie die zugeschnittenen Teile nach den 3 Helligkeitsstufen.

■ Pro Block 6 Dreiecke aus jedem der 3 verschiedenen Stapel auswählen und nach dem Hell-Dunkel-Schema der Abb. e auslegen.

■ Je 2 Dreiecke rechts auf rechts legen und mit der Nähmaschine füßchenbreit (oder auf den Bleistiftlinien) entlang der Diagonalen zusammennähen **(Abb. b)**. Das nächste Dreieckspaar sofort anfügen, ohne die Nähmaschine abzusetzen (Kettennähen siehe Seite 18). Wenn die 9 Quadrate genäht sind, die Fadenenden durchtrennen, die Teile aufklappen und die Nahtzugaben auf eine Seite bügeln.

■ Jeweils 3 Quadrate zu einer Reihe zusammennähen **(Abb. c)**.

■ Anschließend die 3 Reihen aneinanderfügen **(Abb. d)**.

■ Sämtliche Blöcke nach dem gleichen Schema zusammenstellen **(Abb. e)**. Sie benötigen für das Patchworkteil 48 Blöcke.

Patchworkteil zusammenfügen

■ Die fertigen Blöcke, von der Mitte aus beginnend, so anordnen, daß der Eindruck eines Sterns in einem Rahmen entsteht **(Abb. f)**.

■ Sobald Ihnen die Farbanordnung gefällt, werden jeweils 6 waagerechte Blöcke zu einer Reihe zusammengenäht. Es entstehen 8 Reihen.

■ Danach die Reihen zusammenfügen.

RAND ANSETZEN

■ Für den Rand 2 Stoffstreifen à 91,5 x 16,5 cm und 4 Streifen à 46,5 x 16,5 cm zuschneiden.

■ Dann 8 weitere Blöcke zusammennähen. Die eine Hälfte eines jeden Blockes besteht diesmal aus dem Stoff für den Rand, die andere Hälfte aus Dreiecken. Dabei 4 Blöcke aus dunklen und mittleren Dreiecken gestalten und für die anderen 4 Blöcke helle und mittlere Dreiecke verwenden.

■ Die 91,5 cm langen Streifen oben und unten an das Patchworkoberteil annähen.

■ Dann die Randstreifen für die Längsseiten zusammensetzen. Dafür je 2 Blöcke mit dunklen Dreiecken zusammennähen und beidseitig zwei 46,5 cm lange Streifen anfügen. An die Enden je einen Block mit hellen Dreiecken ansetzen **(Abb. g)**.

■ Die Randstreifen an die Längsseiten der Patchworkarbeit nähen**(Abb. h)**.

FERTIGSTELLUNG UND QUILTEN

■ Um die Decke zu montieren, die Oberseite, das Vlies und die Rückseite übereinanderlegen und zusammenheften (siehe Seite 26).

■ Anschließend das Quiltmotiv mit Zauber- oder Kreidestift auf die Oberseite aufzeichnen **(Abb. i)**.

■ Mit der Nähmaschine die Decke entlang der Linien quilten.

■ Zum Schluß die Arbeit mit dunklem Baumwollstoff einfassen (siehe Seite 28).

g

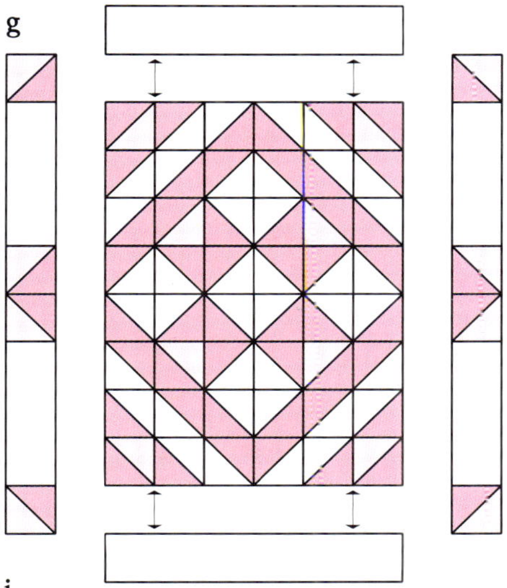

h

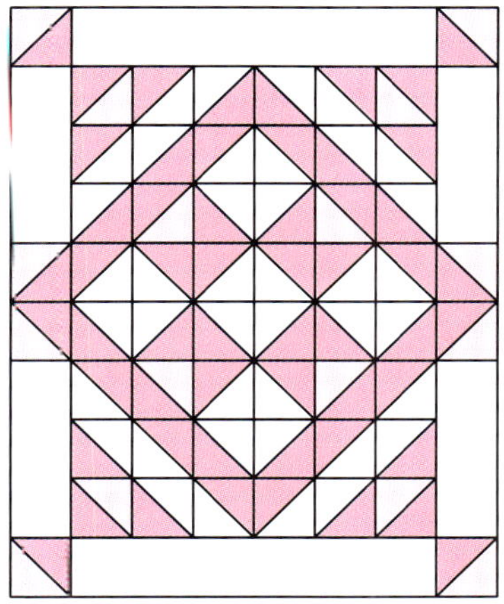

i

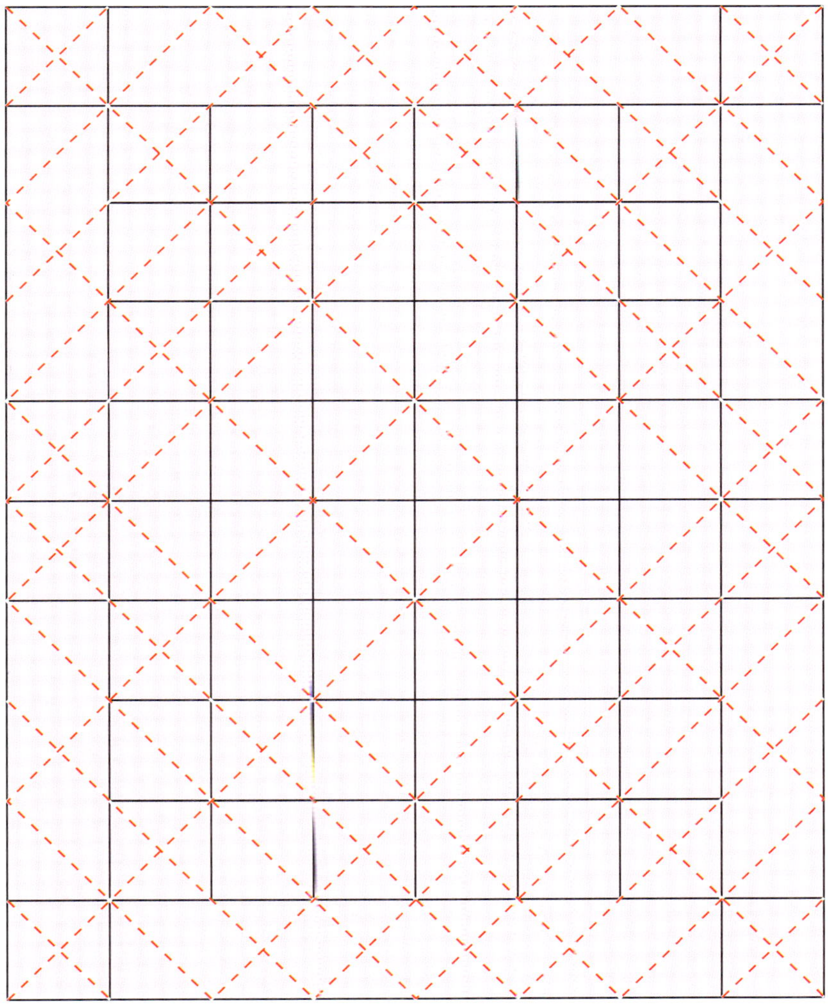

MOSAIKARBEITEN

In einer auf den ersten Blick etwas verwirrenden Technik sind Patchworkarbeiten mit ineinandergreifenden Mustern zusammengesetzt. Die Fläche wird hierbei mit einer einzigen Figur, meist einem Dreieck, einem Quadrat oder einem anderen gleichseitigen Element, restlos ausgefüllt. In manchen Mosaikmustern greifen auch zwei oder drei regelmäßig geformte Vielecke ineinander und bilden ein rhythmisches Geflecht aus gegengleichen Elementen. Die Mauren waren Meister darin, Flächen mit ein- und denselben Figuren vollständig auszufüllen. Wände und Böden der Alhambra in Spanien sind geschmückt mit gleichförmigen, farbigen Stücken von Majolikafliesen, die lückenlos zusammenpassen. Viele dieser alten Schmuckmotive wurden in anderen Materialien wie Papier, Holz oder Glas umgesetzt. Einige von ihnen dienten auch als Vorlagen zu neuen Patchworkentwürfen. Nicht selten findet man die geometrischen Ornamente eines antiken Tempelfußbodens in einem modernen Patchworkquilt wieder.

HEIDI FÖRSTER:
COLOURED GREY.
1992

KONKRETE KUNST ALS QUILT

Dreieckige Formen besitzen einen aktiven Ausdruckscharakter. Sie erzeugen Bewegung und Spannung in einer Fläche. Je nachdem, wohin die Spitze zeigt, scheinen sie zu steigen oder zu fallen. Die diagonal angeordneten Dreiecke des Quilts „Coloured Grey" lassen neben rhythmischer Ordnung auch den Eindruck von Tiefenwirkung entstehen, der durch den Kalt-Warm-Kontrast der Farben zusätzlich verstärkt wird.

Meine Vorliebe für klare geometrische Formen sowie die faszinierenden Farbfolgen des Regenbogens veranlaßten mich zu dem Entwurf dieses Quilts. Die Wechselwirkung zwischen verschiedenen Grautönen und bunten Farben sollte auf der Patchworkdecke sichtbar werden und durch die Größe der Arbeit wirkungsvoll zur Geltung kommen. Für die Oberseite wählte ich Honanseide, es ist aber ebensogut möglich, den Quilt aus Baumwolle anzufertigen.

DAS BRAUCHEN SIE

- *Für die Oberseite 21 Seiden- oder Baumwollstoffe in unterschiedlichen Farbtönen: 10 Stoffe in kalten Farben von Gelb über Grün bis Blau, 11 Stoffe in warmen Farbtönen von Sonnengelb über Rot bis Violett, pro Farbton benötigen Sie bei einer Breite von 90 cm 10 bis 30 cm Stoff; außerdem 7 Stoffe in verschiedenen Grautönen: 3 kalte, blaustichige Grautöne, 3 warme, gelbstichige Grautöne und einen hellen Grauton für die mittlere Diagonallinie, pro Farbton 20 bis 40 cm Stoff, 90 cm breit.*
- *Vlies zum Wattieren 150 x 150 cm; 300 cm Stoff für die Rückseite, 90 cm breit.*
- *Hilfsmittel: Lineal, Bleistift, festen Karton, Schere, Rollschneidemesser und Schneidematte, Nähmaschine, Nähgarn, Quiltgarn und die üblichen Nähutensilien*
- *Größe: 143 x 143 cm*

STOFFE FÄRBEN

- Um möglichst exakte Tonfolgen zu erhalten, ist es nötig, die Stoffe zu färben.
- Verwenden Sie hierzu die zu der Stoffart passende Textil- oder Seidenfarbe.
- Waschen Sie anschließend überschüssige Farbreste mit einem milden Waschmittel heraus, und bügeln Sie die Stoffteile.

QUADRATISCHE DREIECKSPAARE ANFERTIGEN

- Der Quilt besteht aus 441 diagonal geteilten Quadraten, die jeweils von einem farbigen und von einem grauen Dreieck gebildet werden. Um nicht jedes Dreieck einzeln zuschneiden und nähen zu müssen, werden sie nach einer besonderen Schnellmethode angefertigt.
- Sie nehmen hierfür einen farbigen und einen grauen Stoff und legen beide so übereinander, daß das hellere Stoffteil oben liegt.

Farbtöne in genauen Abstufungen erhalten Sie, wenn Sie die Stoffe selbst färben

a

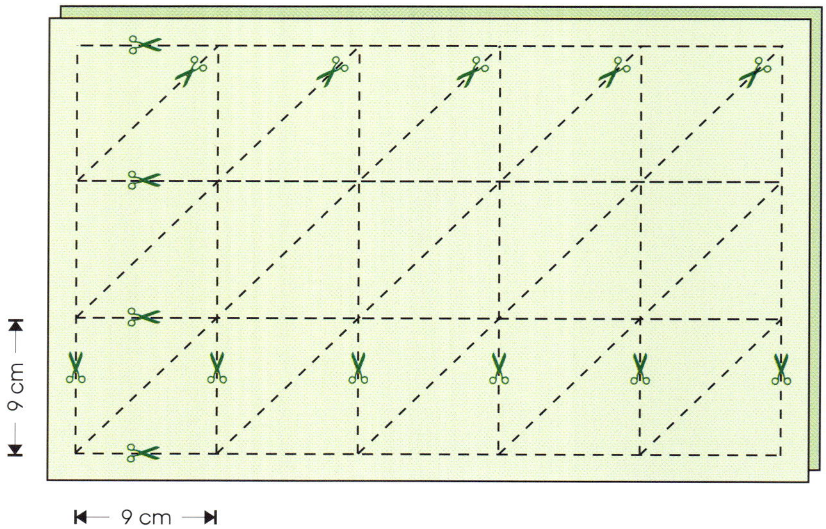

■ Beide Stoffe mit Klebeband auf der Schneidematte befestigen und ein Markierungsraster von 9 x 9 cm je Einheit mit Bleistift aufzeichnen. In dieses Raster Diagonalen einfügen **(Abb. a)**.

■ Danach beidseitig in Nähfüßchenbreite (7 mm) entlang der Diagonalen steppen und jeweils dort mit der Naht aussetzen, wo die Spitze des angrenzenden Dreiecks liegt.

■ Sämtliche Markierungslinien mit dem Rollschneidemesser auftrennen. Durch Aufklappen entsteht aus je-

Aufteilung der Farben:

b *W = warme Farben, K = kalte Farben, G = graue Farbtöne*

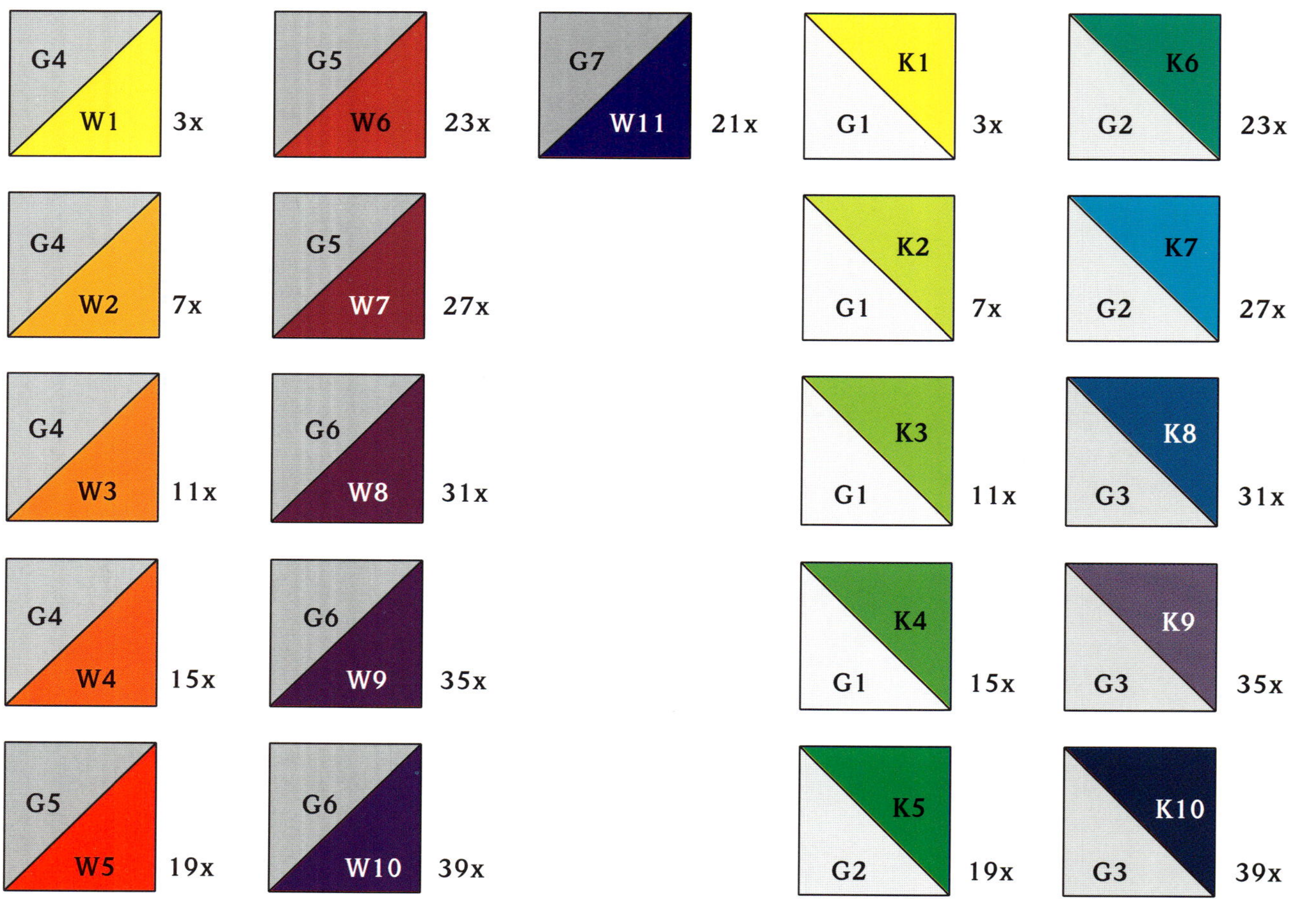

dem Dreieck ein quadratisches Dreieckspaar mit den Maßen 8 x 8 cm.

- Die Diagonalnaht zum dunkleren Stoff hin bügeln.
- Die Größe der aufeinanderzulegenden Stoffe richtet sich nach der Anzahl der benötigten Dreieckspaare. Diese Zahl schwankt von 3 bis zu 39 Dreieckspaaren. Welche Stoffe Sie miteinander kombinieren, und wie viele diagonal geteilte Quadrate Sie pro Farbzusammenstellung benötigen, können Sie der **Abb. b** entnehmen.
- Hinweis: Die Methode, nach der die diagonal geteilten Quadrate angefertigt werden, finden Sie nochmals Schritt für Schritt als „Schnelle Dreiecke" im Einleitungsteil auf Seite 22 beschrieben.
- Danach legen Sie sich die fertigen Dreieckspaare nach den 21 Farbgruppen geordnet zurecht.

Dreieckspaare anordnen

- Bevor Sie mit dem Zusammennähen der Oberseite beginnen, ist es notwendig, die Dreieckspaare in der richtigen Reihenfolge auszulegen.
- Beginnen Sie links oben mit Teil W1, und ordnen Sie diagonal 3 Teile W2, 5 Teile W3, 7 Teile W4 usw. hinzu **(Abb. c)**. Legen Sie die Stoffquadrate so aus, daß die farbige Hälfte mit der Spitze nach rechts unten zeigt. Lassen Sie dabei zwischen den Quadraten jeweils eins frei. Es wird im folgenden Arbeitsschritt mit Dreieckspaaren gefüllt.

c

d

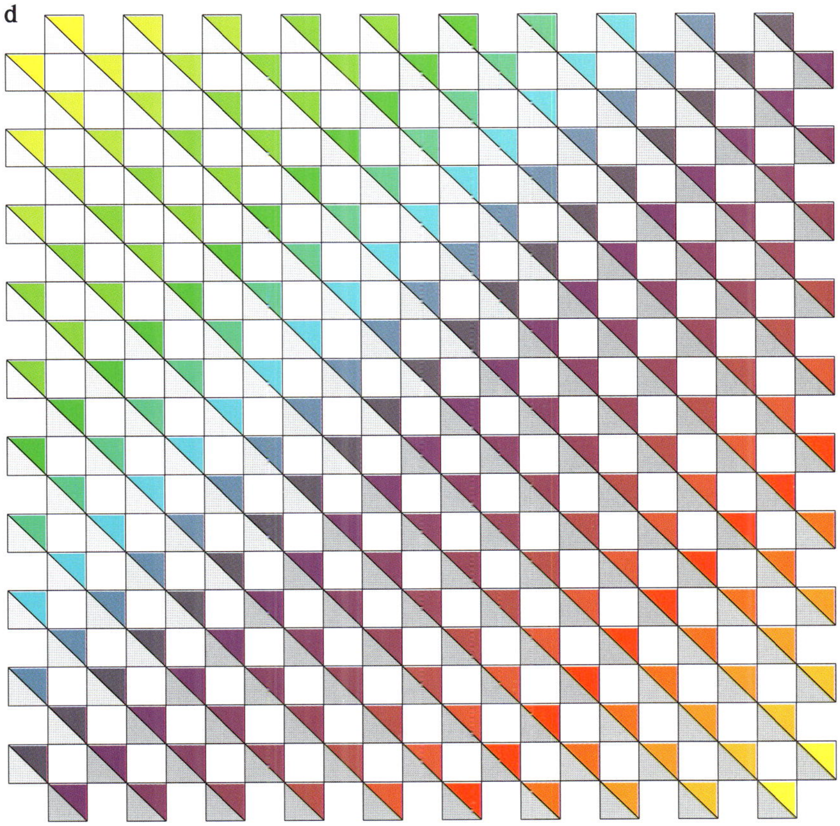

e

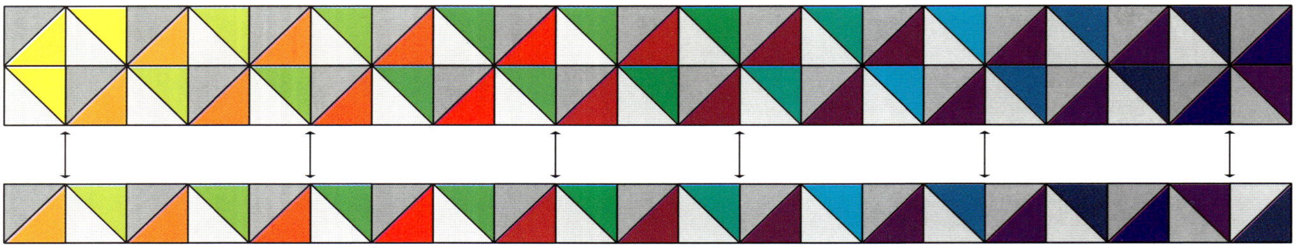

f

g

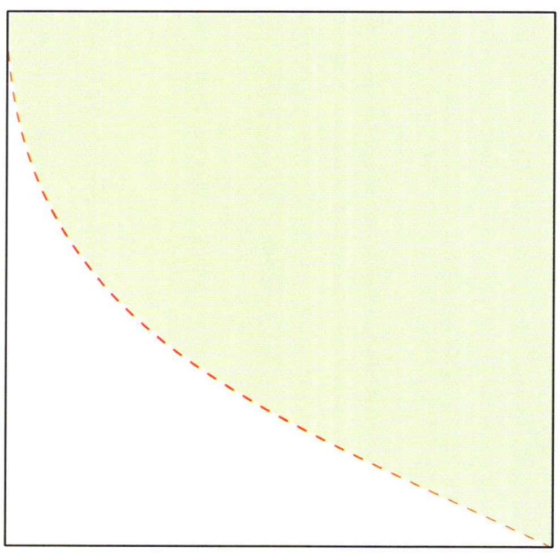

Sobald Sie bei Reihe W11 angelangt sind, haben Sie die Hälfte Ihrer Decke mit warmen Tönen gefüllt. Jetzt wechselt die „Temperatur", und Sie legen mit K10 beginnend die Dreieckspaare mit den kalten Farbtönen aus. Bei Teil K1 endet dieser Arbeitsschritt.

■ Legen Sie nun – abermals links oben beginnend – die Dreieckspaare K1, K2, K3 usw. in die freigelassenen Quadratflächen. Dieses Mal weisen die farbigen Hälften der Teile mit den Spitzen nach rechts oben **(Abb. d)**. Achten Sie bei Reihe K10 auf den Wechsel, denn ab der Hälfte ändert sich auch diesmal wieder die Farbgruppe, und es geht mit den warmen Farbtönen W10, W9, W8 etc. weiter.

OBERSEITE ZUSAMMENFÜGEN

■ Sie können die Oberseite auf 2 verschiedene Arten zusammenfügen:

■ **Methode 1:** Die 21 Quadrate einer waagerechten Reihe miteinander verbinden. Auf diese Weise 21 Reihen anfertigen **(Abb. e)** und danach die Reihen zusammennähen (siehe Seite 18).

■ **Methode 2**: Die Quadrate reihenweise von links oben nach rechts unten diagonal zusammennähen. Dabei darauf achten, daß die Teile an den Eckpunkten genau aneinanderstoßen. Halten Sie exakt die Nahtzugabe von 7 mm ein, damit die Seitenlänge der fertigen Quadrate 6,5 cm beträgt **(Abb. f)**.

■ Wenn Sie Seidenstoffe verwendet haben, versäubern Sie die Außenkanten der Patchworkarbeit mit Zickzackstichen.

h

QUILTEN UND FERTIGSTELLUNG

■ Die Oberseite, das Vlies und den Stoff für die Rückseite übereinanderlegen und heften (siehe Seite 26).

■ Die Decke entlang der von links oben nach rechts unten verlaufenden Diagonalen in gebogenen Linien quilten. Dazu eine Schablone aus festem Karton anfertigen **(Abb. g)**. Die Schablone auf die Decke auflegen und das Quiltmuster mit Zauber- oder Kreidestift aufzeichnen **(Abb. h)**. Anschließend die Arbeit von Hand oder mit der Nähmaschine quilten.

■ Für die Randeinfassung 4 gerade Stoffstreifen zuschneiden und mit ihnen die Außenkanten der Decke versäubern (siehe Seite 28).

SPIEL MIT ISOMETRISCHEN DREIECKEN

Aus vielen außergewöhnlichen und gezackten Formen scheint dieser Quilt zusammengesetzt zu sein. Was zunächst höchst kompliziert aussieht, entpuppt sich als sechseckige Grundform, die wiederum aus gleichseitigen Dreiecken besteht. Eine reizvolle Kombination, die von der Struktur der selbstgebatikten Stoffe lebt und die von den Helligkeitswerten der verwendeten Farben bestimmt wird.

Der Entwurf zu dieser Decke entstand nach einer Studie des fast in Vergessenheit geratenen Formensystems von Wilhelm Oswald. Ausgangspunkt der Methode sind regelmäßige Vielecke, deren Kanten die Kanten der benachbarten Form bilden. Die Figuren werden so lange ineinandergeschoben, bis sie eine Fläche völlig ausfüllen. Eine der unzähligen Mustervariationen habe ich für den Quilt „Belle Coralline" ausgewählt.

IRENE KAHMANN:
BELLE CORALLINE.
1993

DAS BRAUCHEN SIE

- *Für die Oberseite insgesamt 3 m verschiedene einfarbige und gemusterte Stoffe, die eine Hälfte davon in hellen und die andere Hälfte in dunklen Farbtönen gehalten, die Stoffbreite beträgt 90 cm.*
- *270 cm Vlies zum Wattieren, 90 cm breit; 270 cm Baumwollstoff für die Rückseite, 90 cm breit.*
- *Hilfsmittel: Isometriepapier, Bleistift, Lineal, 1 Bogen stabile Plastikfolie oder festen Karton, Schere, Nähmaschine, Nähgarn, Quiltgarn und die üblichen Nähutensilien*
- *Größe: ca. 120 x 170 cm*

SCHABLONEN HERSTELLEN

- Die Vorlagenzeichnungen 1 bis 5 für die Schablonen **(Abb. a + b)** maßstabsgetreu auf Isometriepapier aufzeichnen.

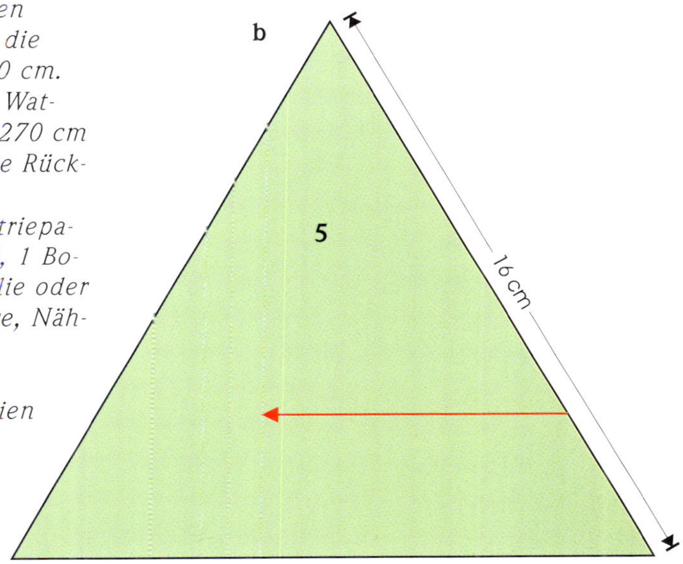

- Die Motive auf stabile Plastikfolie oder festen Karton übertragen. Die Schablonen durchnumerieren und jeweils mit einem Pfeil, der den Fadenlauf anzeigt, versehen (siehe Seite 16). Danach die 5 Formen ausschneiden.

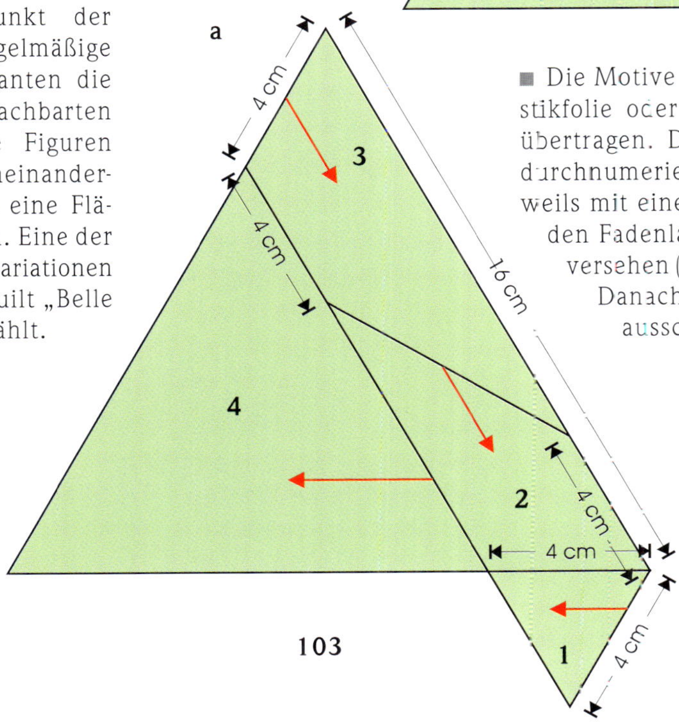

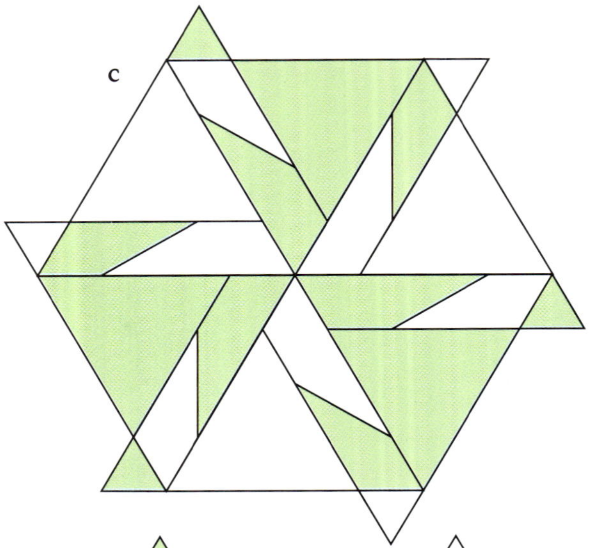

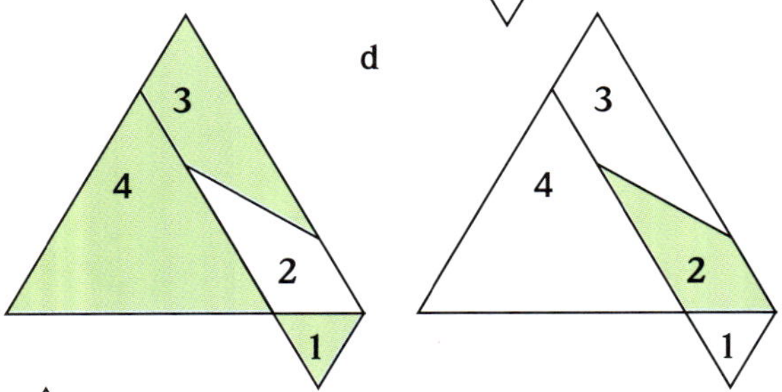

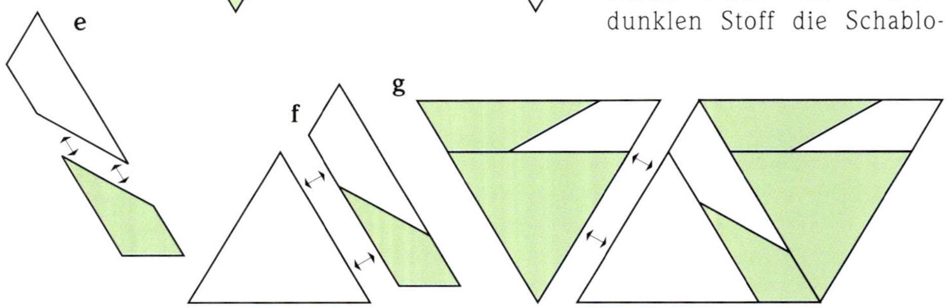

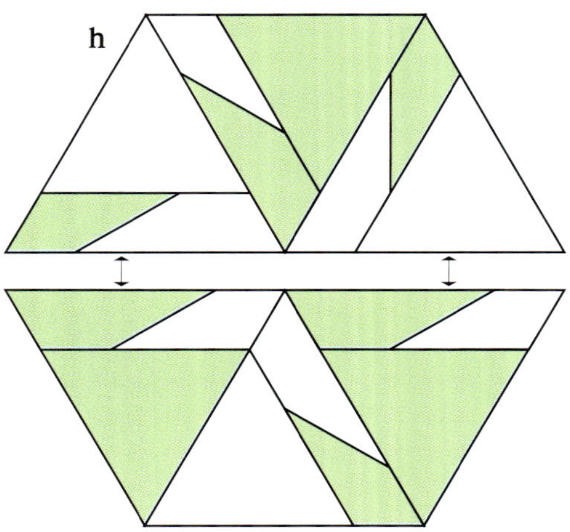

TEILE ZUSCHNEIDEN UND ANORDNEN

■ Der Quilt besteht aus aneinandergenähten Sechsecken mit jeweils 6 kleinen Dreiecken an den Spitzen **(Abb. c)**. Jedes Sechseck ist wiederum aus 6 großen Dreiecken zusammengesetzt. Die Dreiecke sind nach einem genauen Schema, das auf dem Hell-dunkel-Kontrast basiert, angeordnet: Die Teile 1, 3 und 4 sind jeweils in derselben Farbe gehalten. Teil 2 weicht farblich von ihnen ab. Das heißt: 3 dunkle Teile 1, 2 und 4 erhalten ein helles Teil 2 und umgekehrt bekommen 3 helle Teile 1, 3 und 4 ein dunkles Teil 2 zugeordnet. **(Abb. d)**.

■ Für ein Sechseck aus einem hellen und einem dunklen Stoff die Schablonen 1, 2, 3 und 4 je dreimal zuschneiden. Hierfür die Schablonen seitenverkehrt auf die Rückseite der Stoffe auflegen (Fadenlauf beachten!) und mit weichem Bleistift umfahren. Ringsum eine Nahtzugabe von 7 mm einzeichnen und die Teile ausschneiden. Den Fadenlauf anschließend auch auf dem Stoff markieren.

■ Die zugeschnittenen Teile zu einem Sechseck zusammenlegen und zunächst einmal auf einem Blatt Papier feststecken.

■ Am Rand der Decke werden ruhigere Elemente eingesetzt, die man aus Sechsecken der Schablone 5 gestaltet. Auch diese Sechsecke werden aus 2 verschiedenen Stoffen zugeschnitten. Für die 6 kleinen Dreiecke an den Ecken nehmen Sie die Schablone 1.

■ Anschließend alle Sechsecke (36 Stück) nebeneinander auf dem Boden ausbreiten und so lange miteinander verschieben, bis Ihnen die Anordnung gefällt.

EIN SECHSECK ZUSAMMENNÄHEN

■ Für ein großes Dreieck zuerst die kleinen Teile 2 und 3 **(Abb. e)** zusammennähen und dann den Streifen am Teil 4 ansetzen **(Abb. f)**.

■ Zweimal 3 Dreiecke zusammennähen **(Abb. g)** und beide Hälften **(Abb. h)** zu einem Sechseck zusammenfügen. Dabei liegen jeweils abwechselnd helle und dunkle Dreiecke nebeneinander.

OBERSEITE ZUSAMMENFÜGEN

■ Die Sechsecke zusammen mit den kleinen Dreiecken **(Schablone 1)** auf dem Boden ausbreiten.

■ 2 Sechs- und 2 Dreiecke an einer Kante zusammennähen **(Abb. i)**. Dabei zuerst die Dreiecke an die zugehörigen Sechsecke ansetzen und anschließend beide Teile aneinandernähen.

■ Weitere Sechsecke anfügen und Reihen bilden.

■ Danach die Sechseckreihen in Zick-Zack-Linien zusammennähen **(Abb. j)**. Tip: Die Naht an der Seite des kleinen Dreiecks zunächst etwas offenstehen lassen, damit die Ecke anschließend genau genäht werden kann. Es ist wichtig, die Verbindungspunkte besonders sorgfältig zu stecken, damit die Reihen exakt aneinanderpassen **(Abb. k)**.

■ Die fertige Patchworkarbeit erneut auf dem Boden ausbreiten und die Kanten mit Hilfe von langen Linealen oder Leisten und rechten Winkeln gerade zuschneiden.

■ Für den Rand vier 7 cm breite Stoffstreifen zuschneiden und nacheinander an die Seiten der Decke ansetzen (siehe Seite 26).

Quilten und Fertigstellung

■ Die fertige Oberseite mit dem Vlies und der Rückseite zusammenheften.

■ Die Formen 3 bis 5 mm von den Nähten entfernt quilten. Nähte zwischen gleichfarbigen Teilen innerhalb eines Dreiecks bleiben ungequiltet, damit sie wie eine zusammenhängende Form wirken. Die aus der Schablone 5 zugeschnittenen Teile erhalten Quiltlinien, die wie Teil 2 geformt sind.

■ Anschließend die Arbeit mit einem 5 cm breiten Stoffstreifen einfassen (siehe Seite 28) und eventuell mit einem Aufhängetunnel versehen.

i

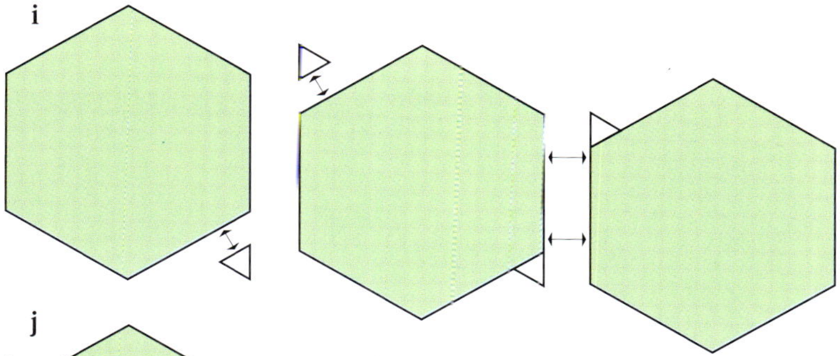

j

k

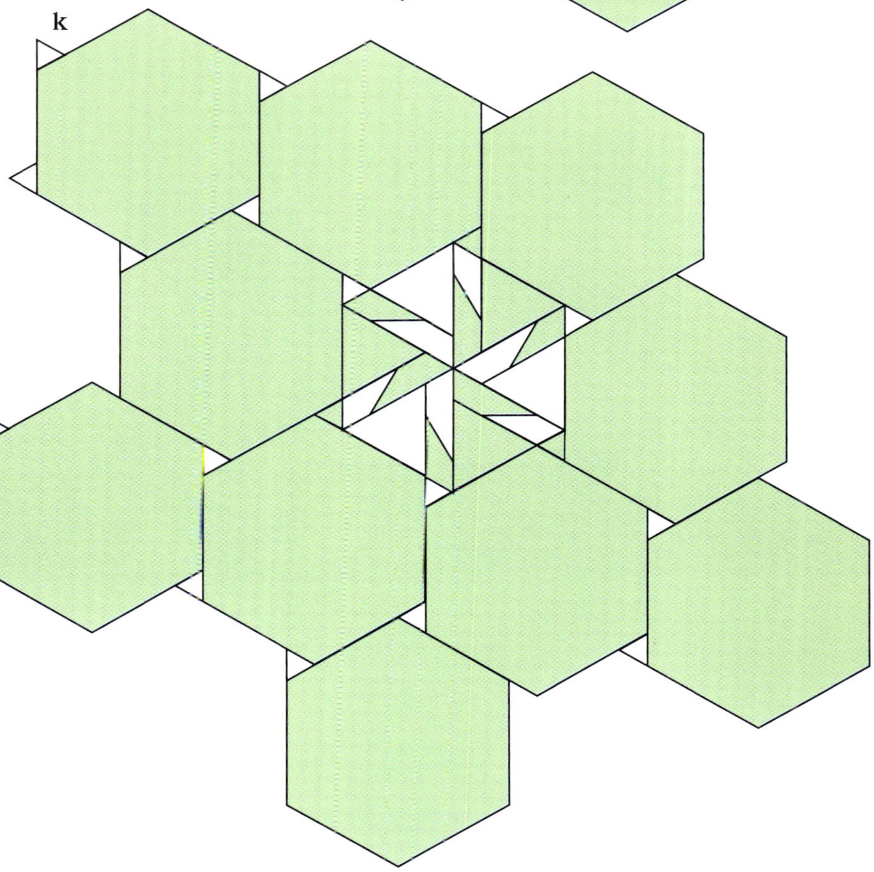

ANNE BEST:
CARIBIC WALTZ.
1994

TANZENDE FISCHE

Kunst mit Nadel und Faden: Wer den Quilt „Caribic Waltz" nacharbeiten möchte, muß geschickt mit der Nähnadel umgehen können, da die kleinen Formen, aus denen er zusammengesetzt ist, sich nur von Hand aneinandernähen lassen. Das Grundmotiv wurde nach dem Bild „Fische" des holländischen Grafikers Maurits Cornelis Escher entworfen. Je nach Auswahl der Farben erscheinen die Fische vor einem blauen Hintergrund oder wirbeln bunt durcheinander wie auf dem Quilt „Dancing School I" auf der Seite 110.

Das Wichtigste beim Anfertigen dieser Decke ist die Genauigkeit. Beim Zuschneiden und Nähen der Formen müssen Sie sich exakt an die Linien der Vorlage halten. Schneiden Sie daher unbedingt vorab zur Probe 8 Fische aus Papier aus, und legen Sie sie zu 2 Einheiten aneinander. Wenn das gelingt, können Sie sicher sein, daß später auch die Stoffmotive zusammenpassen. Darüber hinaus ist es bei dieser Decke angebracht, einen Farbentwurf anzufertigen, an dem Sie sich orientieren können. Andernfalls schleichen sich rasch Fehler beim Zusammenstellen der Teile ein.

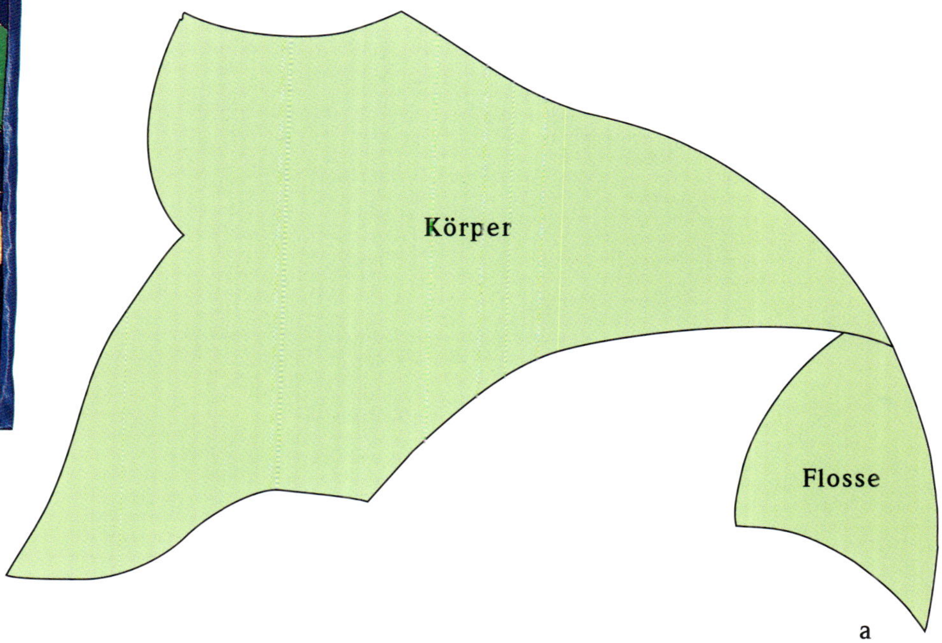

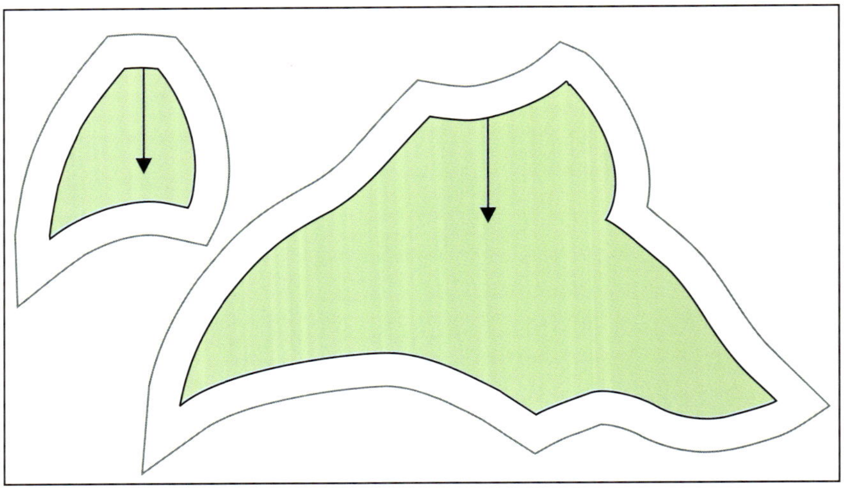

b

c

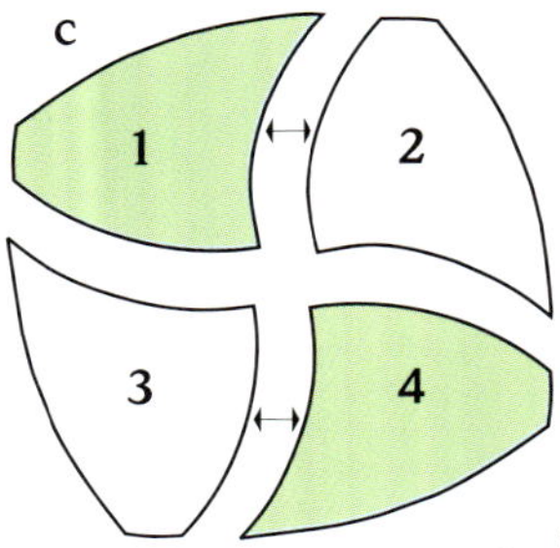

d

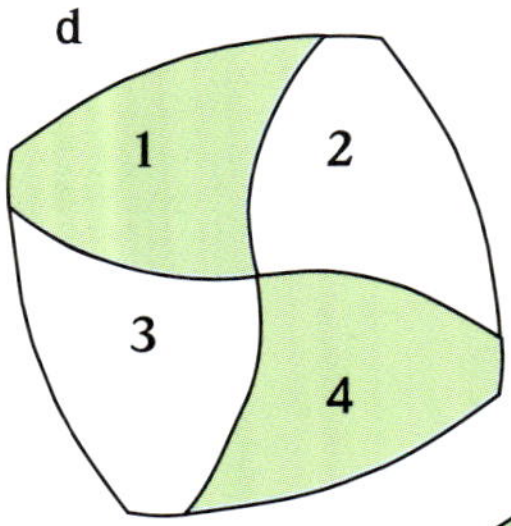

e

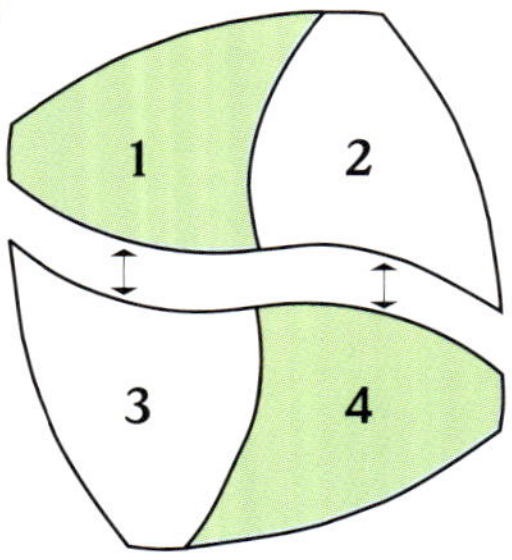

f

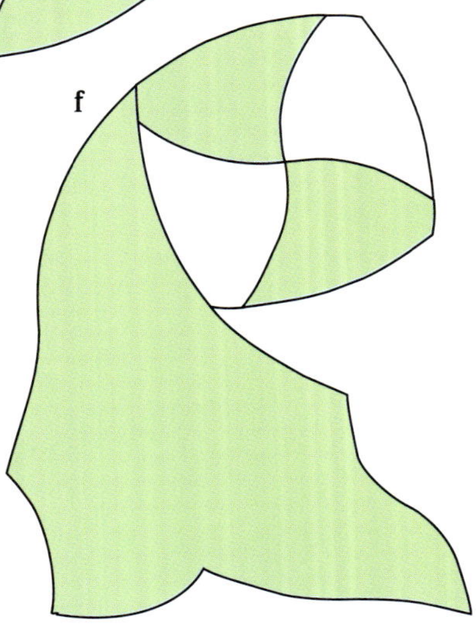

DAS BRAUCHEN SIE

- *Für die Oberseite 6 Seidenstoffe à 65 cm in den Vordergrundfarben Dunkelrot, Hellrot, Orange, Gelb, Grün und Blau, 90 cm breit; 9 Seidenstoffe à 40 cm in den Hintergrundfarben (möglichst gleichmäßig abgestufte Blauschattierungen), 90 cm breit; feine Vlieseline zum Aufbügeln.*
- *Vlies zum Wattieren, 100 x 150 cm; 160 cm Seidenstoff für die Rückseite, 120 cm breit.*
- *Hilfsmittel: Bleistift, Lineal, 1 Bogen stabile Plastikfolie, Rollschneidemesser und Schneidematte (oder Schere), Seidenfaden, dickes Seidengarn sowie die üblichen Nähutensilien*
- *Größe: ca. 150 x 100 mm*

SCHABLONEN HERSTELLEN

- Die Vorlagenzeichnung **(Abb. a)** auf stabile Plastikfolie übertragen und ausschneiden (siehe Seite 16). Das Fischmotiv besteht aus 2 Teilen: dem Körper und der Schwanzflosse.
- Beide Schablonenteile mit einem Pfeil, der den Fadenlauf anzeigt, versehen.

TEILE ZUSCHNEIDEN

- Die feine Vlieseline auf die Rückseite der Seidenstoffe bügeln.
- Bevor Sie die Schablonen aufzeichnen, entscheiden Sie sich für die Fadenrichtung. Bei Seidenstoffen verändert sich je nach waagerechter oder senkrechter Lage des Stoffes der Glanz und ergibt eine andere Schattierung.
- Dann die Schablonen seitenverkehrt auf die mit Vlieseline verstärkte Rückseite der Stoffe auflegen (Fadenlauf beachten!) und mit weichem Bleistift umfahren. Ringsum eine Nahtzugabe von 7 mm einzeichnen **(Abb. b)**.
- Die Teile ausschneiden und nach dem Farbentwurf anordnen.

EINZELTEILE NÄHEN UND ZUSAMMENFÜGEN

- Pro Einheit zuerst ein Flossenrondell anfertigen. Dazu 2 x 2 Schwanzflossen (1+2, 3+4) zusammennähen **(Abb. c)**. Anschließend die beiden Flossenpärchen aneinanderfügen **(Abb. d)**. Die Rundungen jeweils mit feinen Stecknadeln entlang der beiden Nahtlinien exakt zusammenstecken.

■ An das fertige Flossenrondell **(Abb. e)** 4 Körperteile nacheinander **(Abb. f)** ansetzen. Jede Einheit besteht aus 2 Fischen einer Vordergrundfarbe und 2 Fischen einer Hintergrundfarbe **(Abb. g)**. Für den Quilt benötigen Sie etwa 85 Einheiten.

Quilten und Fertigstellung

■ Die Oberseite, das Vlies und den Rückseitenstoff übereinanderlegen und heften. Dann die Decke von der Mitte aus auf den Nähten quilten.

■ Die Bauch- und Rückenflossen der Fische aufzeichnen **(Abb. i)** und entlang der Linien steppen. Hierfür eventuell eine gesonderte Schablone anfertigen.

■ Für die Randeinfassung gerade Stoffstreifen zuschneiden und die Außenkanten der Decke mit ihnen versäubern (siehe Seite 28). Wer möchte, bringt gleichzeitig einen Aufhängetunnel an.

g

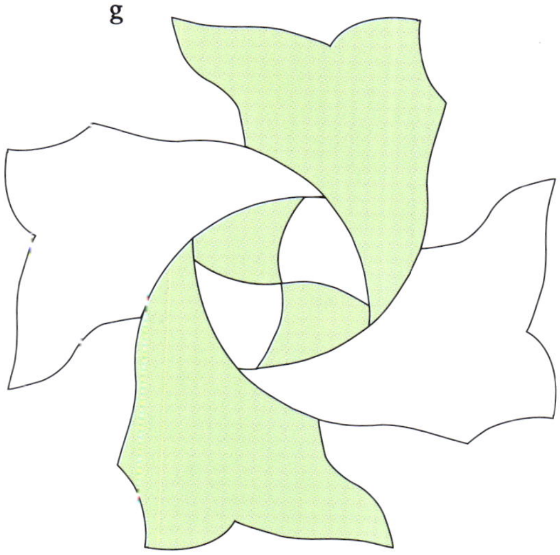

h

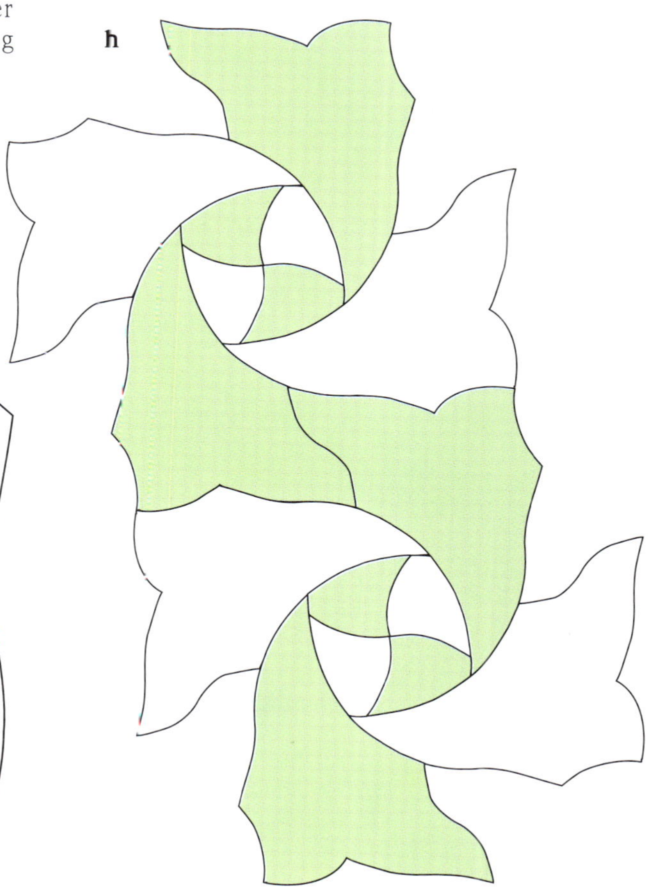

i

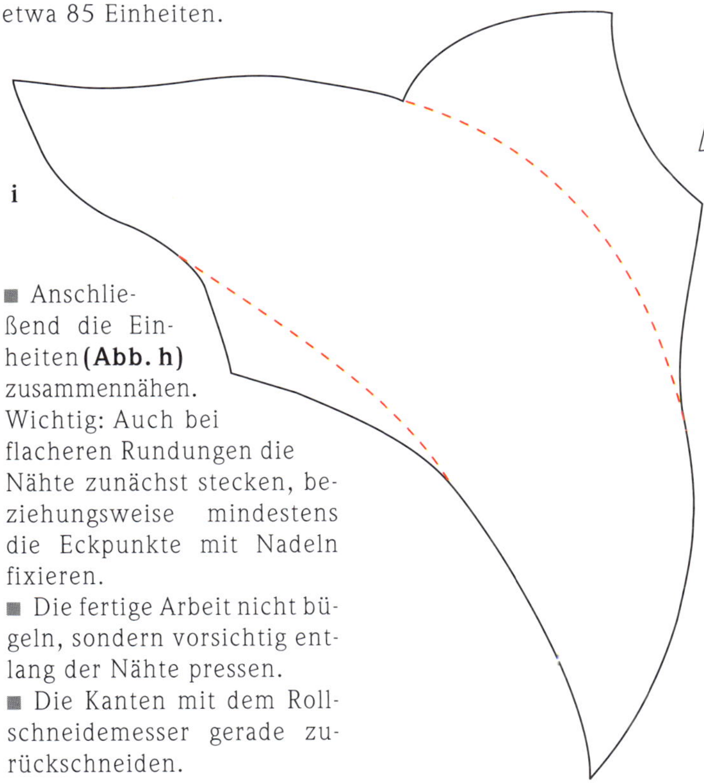

■ Anschließend die Einheiten **(Abb. h)** zusammennähen. Wichtig: Auch bei flacheren Rundungen die Nähte zunächst stecken, beziehungsweise mindestens die Eckpunkte mit Nadeln fixieren.

■ Die fertige Arbeit nicht bügeln, sondern vorsichtig entlang der Nähte pressen.

■ Die Kanten mit dem Rollschneidemesser gerade zurückschneiden.

ANNE BEST:
DANCING SCHOOL I.
1991.

Das Motiv von Seite 106 in einer anderen Variation: Durch den Verzicht auf eine einheitliche Hintergrundfarbe wirken die Fische dieses Quilts noch quirliger als die Figuren der Decke „Caribic Waltz“. Die einfarbigen Stoffe lassen das Muster deutlich hervortreten.

Größe des Quilts ca. 118 x120 cm

LITERATURHINWEISE

Amsden, Deirdre:
Colourwash Quilts.
That Patchwork Place,
Bothell, Washington 1994

Beyer, Jinny:
The Scrap Look.
EPM Publikations, Inc.
Mc Lean,
Virginia 1985

Bonesteel, Georgia:
Lap Quilting with Georgia Bonesteel.
Birmingham, Alabama 1991

Brandenbourg, Margaret:
Seminole Patchwork.
B T Batsford Ltd.,
London 1987

Denton,
Susan und Macey, Barbara:
Quiltmaking.
Thomas Nelson,
Melbourne 1987

Hopkins, Mary Ellen:
Baker's Dozen Doubled.
ME Publication
Fountain Valley, CA 1988

Hughes, Trudie:
Template-Free Quiltmaking.
That Patchwork Place,
Bothell, Washington 1986

Innes, Miranda:
Patchwork, Quilts und Applikationen aus aller Welt.
Rosenheimer Verlagshaus,
Rosenheim 1993

Itten, Johannes:
Kunst der Farbe.
Otto Maier Verlag,
Ravensburg 1961

Kahmann, Irene:
Patchwork und Quilten.
Verlag Thomas Schäfer,
Hannover 1994

Martin, Judy:
Scrap Quilts.
Moon Over the Mountain Publishing Company,
Wheatridge, Colorado 1987

Mc Morris, Penny:
Crazy Quilts.
E P Dutton & Company,
Inc., New York 1984

Patchwork und Quilten
mit der Nähmaschine.
Otto Maier Verlag,
Ravensburg 1994

Piecemakers Country Store
The Bargello Quilt Book.
Costa Mesa, CA 1992

Richardson Mc Kelvey, Susan:
Color for Quilters.
A Yours Truly Publication,
Westminster, CA 1984

Risinger, Hettie:
Innovative Machine Patchwork Piecing.
Sterling Publishing Company
Inc. New York 1983

Robinson, Jackie:
Tessallations.
Animas Quilts Publication
Durango, CO 1992

Seward, Linda:
Das große Buch von Patchwork, Quilt und Applikation.
Verlag Thomas Schäfer,
Hannover 1994

Thomas, Donna Lynn:
Shortcuts (Bd. 1 und 2).
Machemer, Bad Soden
1991/1994

Wachsmuth, Brigitte Marina:
Patchwork und
Quilten – Einführung.
FALKEN Verlag,
Niedernhausen 1995

Walker, Michelle:
Das Quiltbuch.
Otto Maier Verlag,
Ravensburg 1986

Walter Judy A.:
Creating Color.
A Dyers Handbook.
Cooler By The Lake
Publikation
Evanston, IL 1989

Weitere Informationen:

Patchwork Gilde
Deutschland e.V.
Oktaviostr. 16 a
22043 Hamburg

Zum gleichen Thema ist im FALKEN Verlag bereits erschienen:
„Patchwork und Quilten – Einführung" (Nr. 768)

DIE AUTORINNEN UND IHRE PATCHWORKQUILTS

Irene Kahmann: „Farbreise" (S. 36), „Das rote Gitter" (S. 50), „Rosen zum Geburtstag" (S. 76),„Vielfarbiger Stern" (Gröbenzeller Quiltgruppe, S. 36), „ Belle Coralline" (S. 102)
Ilse Auer: „Inas Flowerstreet" (S. 46)
Anne Best: „Caribic Waltz" (S. 106), Dancing School I " (S. 111)
Cornelia Falk: „Paradies" (S. 86)
Lilo Feichtinger: „Ein Patchworkhaus für Nina" (S. 55)
Heidi Förster: „Coloured Grey" (S. 96)
Heidrun Rinner: „Sea Bottom" (S. 66)
Ruth Schäfers: „Polarmeer" (S. 80)
Renate Struss: „Gänsemarkt" (S. 32)
Maleen Thaysen: „Gator Xing" (S. 40)
Helga Wolf: „Crazy - geordnet" (S. 72)
Irmgard Stängl: „Double-nine-patch" (S. 7, ohne Anl.)

ISBN 3 8068 4803 3

Umschlaggestaltung: Andreas Jacobsen
Redaktion: Yvonne Thalheim, Herne; Regine Felsch
Herstellung: Harald Nadolny, Herne; Sabine Vogt
Titelbild: Photo-Illustrations Ltd., London
Fotos: Günter Kahmann, Gröbenzell (S. 6, 97); **George Meister,** München (S. 7); **Harald Nadolny** (S. 8, 9); alle übrigen: **Heike Ulrich,** München
Zeichnungen: Daniela Schneider, Frankfurt/M. (S. 14, 15, 17 u., 18-20, 21 o., 26-29); alle übrigen: Harald Nadolny, Herne

Satz: Team Nadolny, Herne
Druck: Westermann Druck Zwickau GmbH

817 2635 4453 62